CADERNO DE APRENDIZAGEM

VOLUME 3
ENSINO FUNDAMENTAL

MATEMÁTICA

IBEP
1ª edição
São Paulo — 2023

Coleção Caderno de Aprendizagem
Matemática Volume 3
© IBEP, 2023

Diretor superintendente	Jorge Yunes
Diretora editorial	Célia Assis
Edição	Viviane Mendes e Mizue Jyo
Produção de conteúdo	Rebeca Helangela Albuquerque Mendes (gestora), Elias Coutinho Marques (coordenador) e Cíntia Maciel Batista Diógenes (autora)
Assistentes editoriais	Isabella Mouzinho e Stephanie Paparella
Revisão	Yara Affonso e Erika Alonso
Edição de arte	Mizue Jyo
Secretaria editorial e processos	Elza Mizue Hata Fujihara
Projeto gráfico e capa	Aline Benitez
Diagramação	Gisele Gonçalves
Produção gráfica	Marcelo Ribeiro
Ilustrações	Ilustra Cartoon, Mariana Tiemi, Shutterstock
Ilustração de capa	Vanessa Alexandre
Impressão Acabamento	Trust Editora

Dados Internacionais de Catalogação
na Publicação (CIP) de acordo com ISBD

I12c

IBEP - Instituto Brasileiro de Edições Pedagógicas

Caderno de Aprendizagem: Matemática / IBEP - Instituto Brasileiro de Edições Pedagógicas. - São Paulo : IBEP - Instituto Brasileiro de Edições Pedagógicas, 2023.
128 p. ; 20,5cm x 27,5cm. – (Caderno de Aprendizagem ; v.3)

Inclui índice.
ISBN: 978-65-5696-314-3 (Aluno)
ISBN: 978-65-5696-315-0 (Professor)

1. Educação. 2. Ensino fundamental. 3. Livro didático. 4. Matemática. I. Título. II. Série.

CDD 372.07
2023-371 CDU 372.4

Elaborado por Vagner Rodolfo da Silva - CRB-8/9410
Índice para catálogo sistemático:
1. Educação - Ensino fundamental: Livro didático 372.07
2. Educação - Ensino fundamental: Livro didático 372.4

1ª edição – São Paulo – 2023

Rua Gomes de Carvalho, 1306, 11º andar, Vila Olímpia
São Paulo – SP – 04547-005 - Brasil – Tel.: (11) 2799-7799
www.editoraibep.com.br | editoras@ibep-nacional.com.br

APRESENTAÇÃO

Prezado aluno,

Este material foi elaborado de maneira que você possa realizar diversas atividades de Matemática a fim de desenvolver ainda mais suas habilidades nessa disciplina durante todo o processo de aprendizagem.

O livro está organizado em sequências, e cada uma delas trata um assunto da Matemática, por exemplo: números, grandezas e medidas, geometria, além de outros que vão ajudar você a compreender melhor as situações do dia a dia

Ao final de cada sequência, nosso Diário de Bordo registra os conhecimentos que foram estudados em cada uma, permitindo a você que os retome, caso sinta necessidade.

Temos certeza de que o **Caderno de Aprendizagem** será um grande aliado em seu processo de desenvolvimento escolar.

Bons estudos!

Os editores.

SUMÁRIO

SEQUÊNCIA 1

LOCALIZAÇÃO

VAMOS COMEÇAR!

Joana mora no edifício de 4 andares, ao lado do mercado.

SHUTTERSTOCK / EDITORIA DE ARTE

Descreva o caminho que o pai de Joana pode fazer para levá-la à escola.

VAMOS ENTENDER!

1. Observe este mapa, que mostra o bairro onde mora Maria.

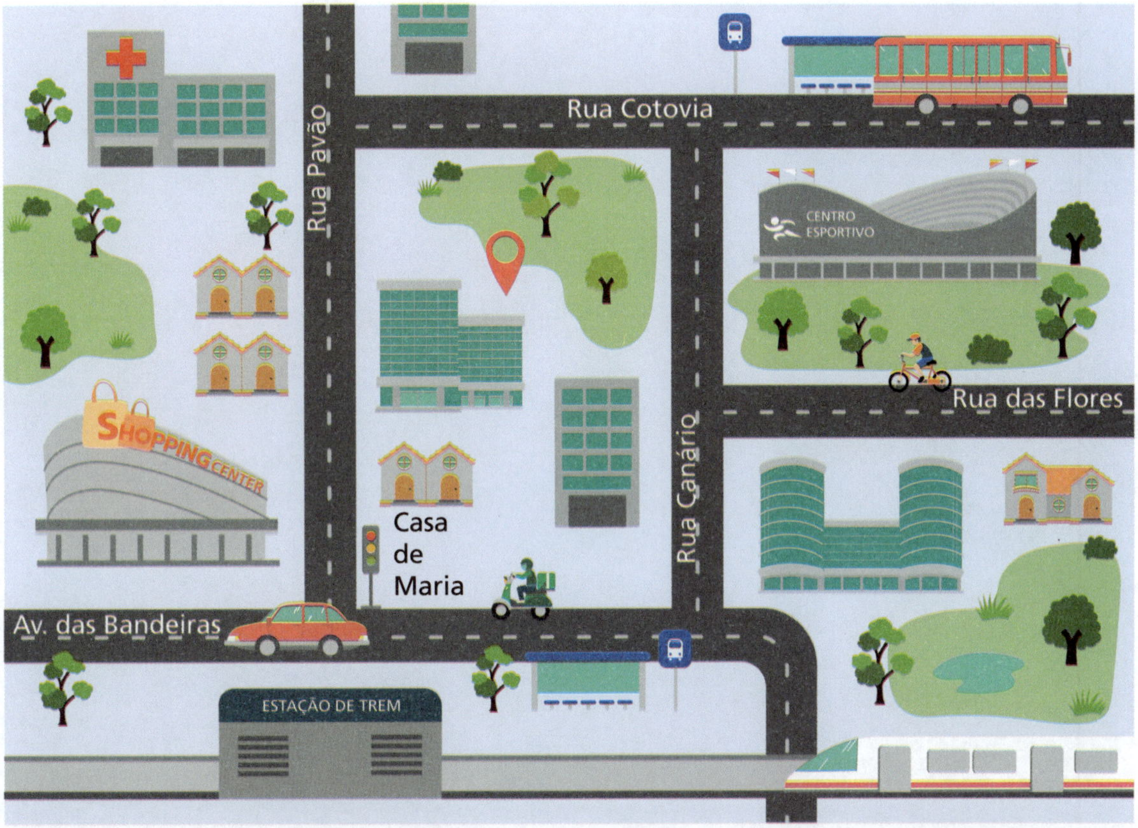

SHUTTERSTOCK / EDITORIA DE ARTE

a) Encontre a casa de Maria.

b) O que fica em frente à casa da Maria, do outro lado da rua?

____

c) Caio está pedalando em frente ao _______________

d) Na imagem, trace um caminho que Caio pode fazer para chegar ao hospital. Descreva esse caminho com palavras.

e) Descreva um caminho para que Maria chegue à estação de trem, indo de casa.

____

____

2. Desenhe o quarteirão em que você mora, visto de cima. Indique alguns pontos de referência, como árvores e comércios, ou a cor da fachada dos estabelecimentos.

3. Que caminho você faz para ir da entrada da escola até sua sala de aula? Descreva com palavras.

4. Observe, a seguir, a sala de aula de Enzo.

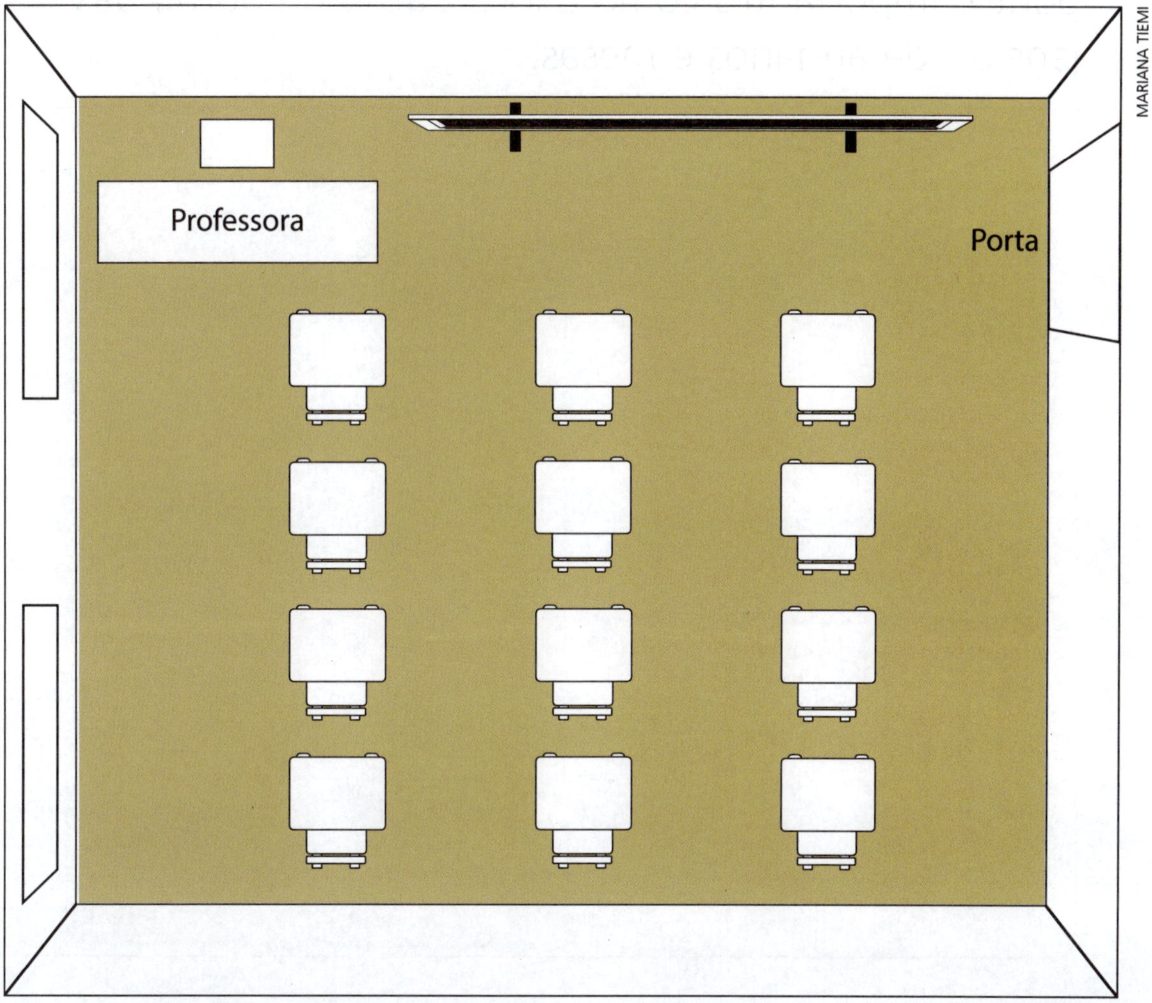

a) Sabemos que Enzo senta-se em frente à mesa da professora. A partir dessa informação, identifique o lugar de cada colega de Enzo.

1. Theo senta-se na cadeira que fica mais perto da porta.
2. Ana senta-se na última cadeira da mesma fileira de Enzo.
3. Caio senta-se à esquerda de Theo.
4. Davi senta-se na penúltima cadeira da fileira de Caio.
5. Sara senta-se na frente de Davi.
6. Laura senta-se à esquerda de Sara.

b) Descreva um percurso que Ana pode fazer para ir da porta da sala até sua carteira.

5. Desenhe sua sala de aula, vista de cima, e identifique pontos importantes como a localização da porta, das janelas, de armários e mesas.

a) Marque, no desenho, onde você se senta.

b) Quem se senta à sua direita? Escreva o nome no desenho.

c) Quem se senta à sua esquerda? Escreva o nome no desenho.

DIÁRIO DE BORDO

Nessas atividades, você aprendeu que:

- para localizar pessoas e objetos, é preciso indicar pontos de referência;
- para explicar caminhos, é preciso indicar direções e sentidos.

SEQUÊNCIA 2

POLÍGONOS E CONGRUÊNCIA

VAMOS COMEÇAR!

Veja a figura que Miguel montou usando peças de Tangram.

SHUTTERSTOCK / MARIANA TIEMI

a) Qual é o formato da peça de cor laranja?

b) Quantas peças com formato de triângulo ele usou?

c) Essas peças são todas iguais?

d) Que peça não tem formato de quadrado nem de triângulo?

VAMOS ENTENDER!

1. Qual é o formato da face destacada em cada figura?

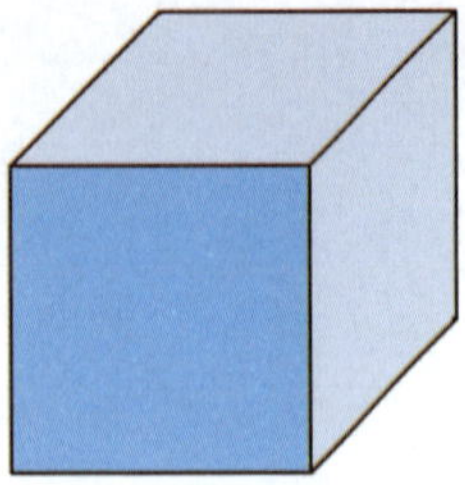

____

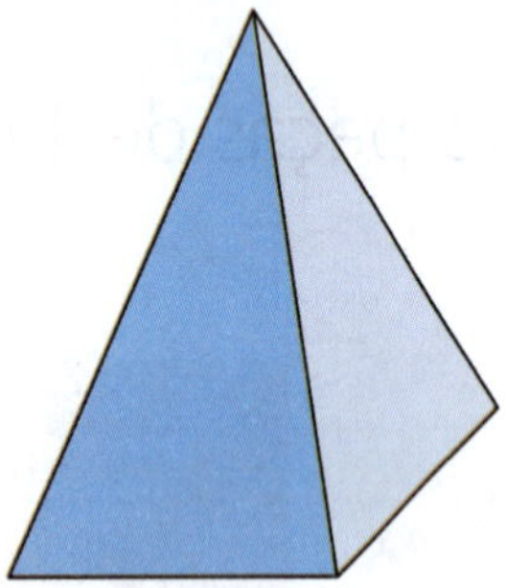

____

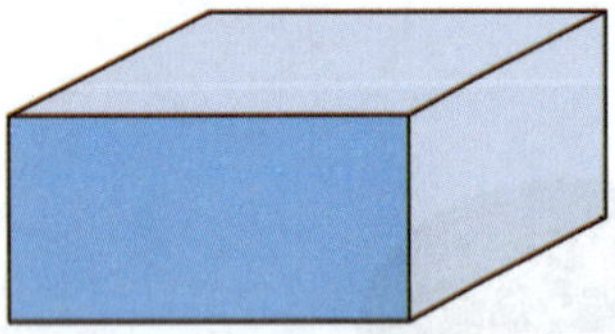

____

Observe alguns elementos de um polígono (figura geométrica plana formada por segmentos de reta).
Os **vértices** são os pontos em que os **lados** se encontram.

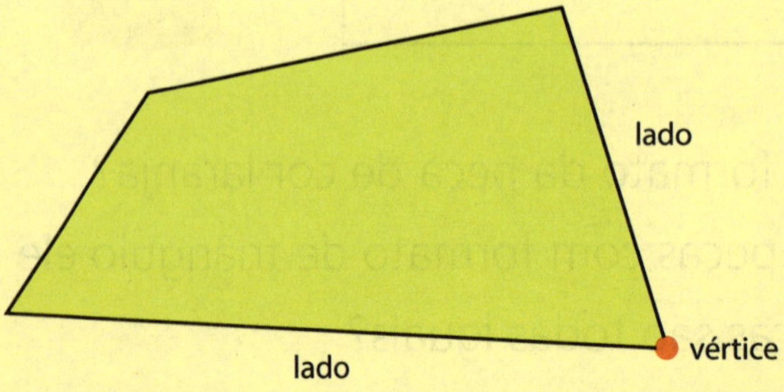

2. Para cada figura plana, indique o número de lados e de vértices.

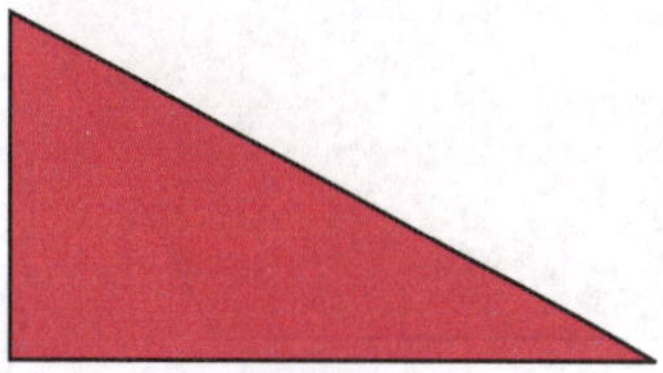

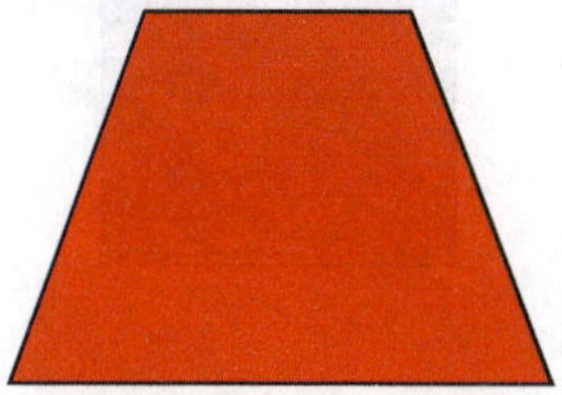

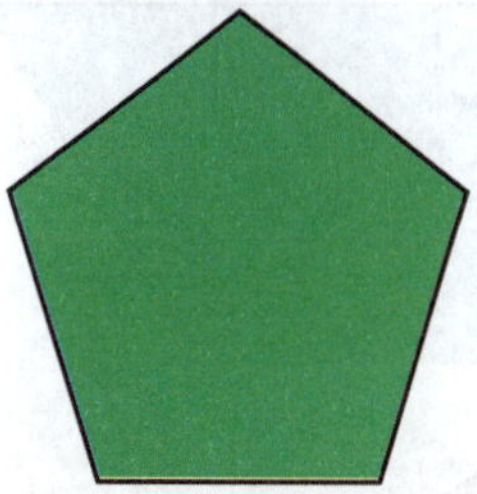

Figuras geométricas planas, formadas por segmentos de reta, são chamadas de **polígonos**.

3. Circule o polígono que tem 3 vértices.

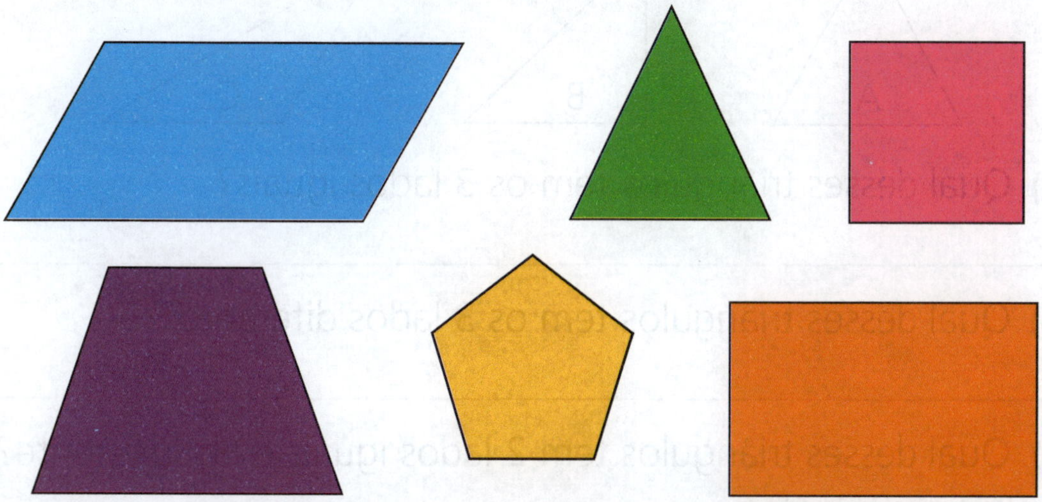

4. Circule os polígonos que têm 4 lados.

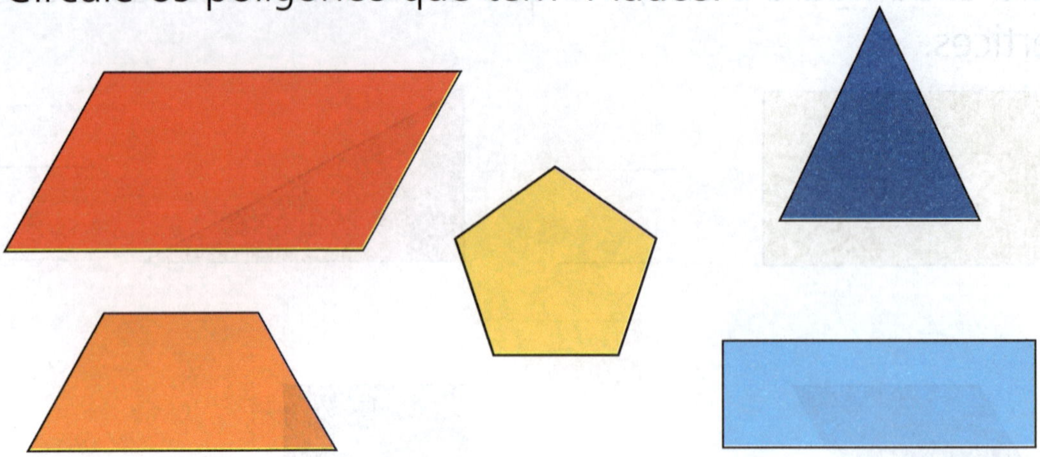

5. Circule o polígono com 5 vértices.

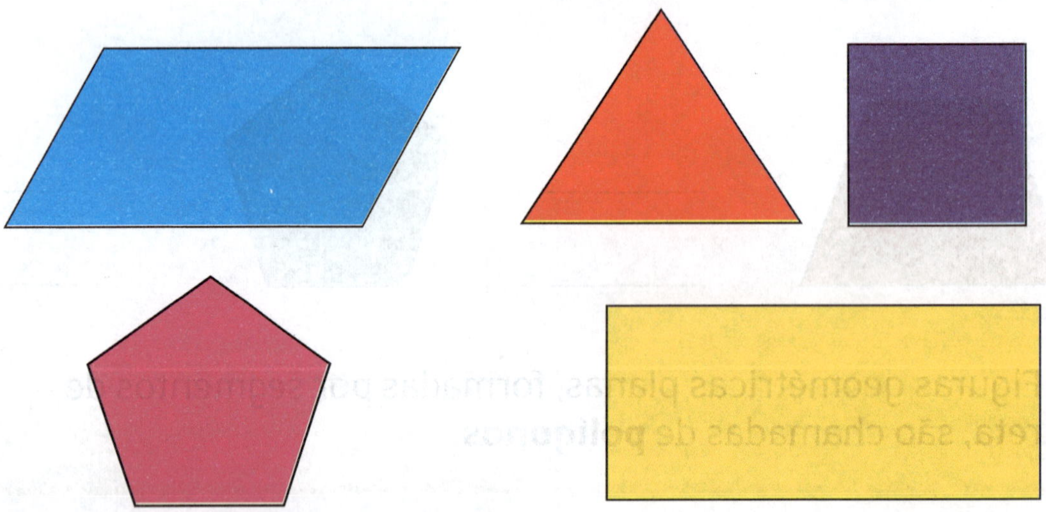

6. Observe os triângulos abaixo.

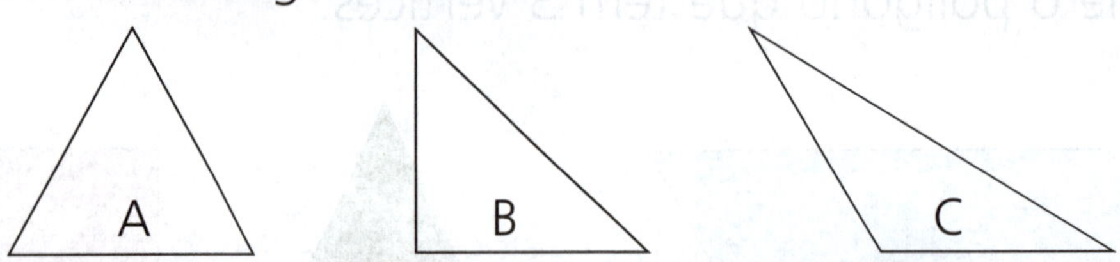

a) Qual desses triângulos tem os 3 lados iguais?

____

b) Qual desses triângulos tem os 3 lados diferentes?

____

c) Qual desses triângulos tem 2 lados iguais e um diferente?

____

7. Pinte os triângulos de acordo com a legenda.

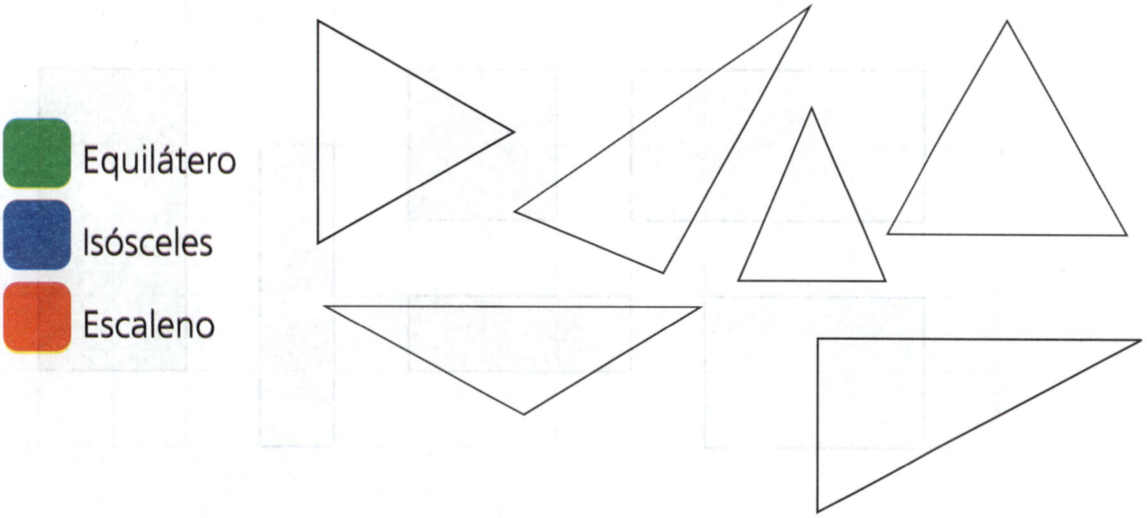

Figuras **congruentes** são aquelas que poderiam ser sobrepostas uma à outra exatamente.

8. Em cada grupo, contorne as figuras congruentes.

a)

MARIANA TIEMI

b)

9. Agora, marque com X a figura que não é congruente às demais.

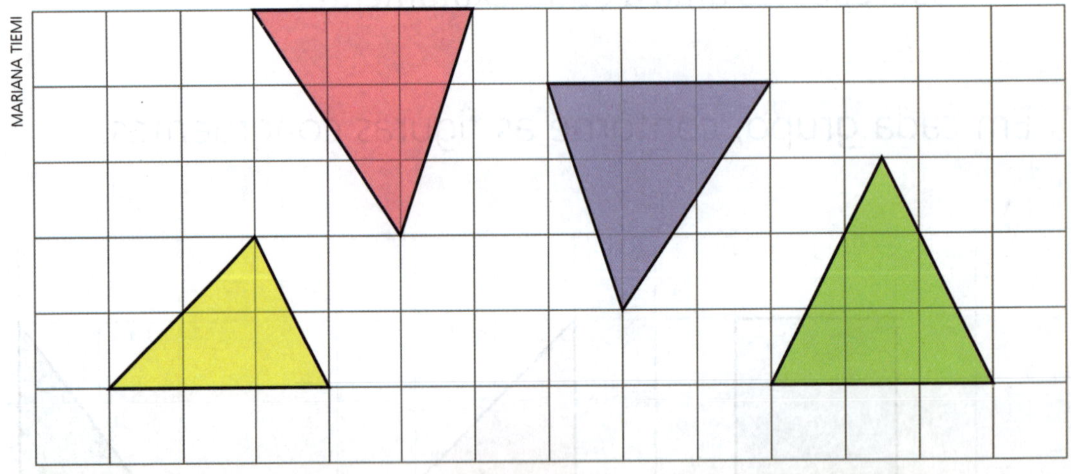

DIÁRIO DE BORDO

Nessas atividades, você aprendeu que:

- polígonos têm **lados** e **vértices**;
- os triângulos podem ser classificados de acordo com a medida de seus lados como **isósceles**, **equilátero** e **escaleno**;
- figuras que podem ser sobrepostas exatamente são denominadas **congruentes**.

SEQUÊNCIA 3

FIGURAS GEOMÉTRICAS ESPACIAIS

VAMOS COMEÇAR!

Esta imagem é uma fotogragia do edifício do Hotel Nacional, no Rio de Janeiro, projetado pelo arquiteto Oscar Niemeyer.

SHUTTERSTOCK

Hotel Nacional, projeto de Oscar Niemeyer, Rio de Janeiro, 2022.

a) O formato do edifício lembra que figura geométrica?

b) Para fazer a maquete, Lucas pode usar uma caixa de creme dental? Por quê?

c) Lucas pode usar lata de refrigerante?

VAMOS ENTENDER!

1. O tênis é um esporte que utiliza bola e raquete. A bola lembra que figura geométrica?

____

____

SHUTTERSTOCK

2. Vários jogos de tabuleiro precisam de dados. O dado lembra que figura geométrica?

____

____

SHUTTERSTOCK

3. Os famosos monumentos de Gizé, no Egito, são construções muito antigas. Esses monumentos lembram que figura geométrica?

____

____

SHUTTERSTOCK

4. Fernanda faz casquinhas de sorvete para vender. As casquinhas de sorvete lembram que figura geométrica?

____

SHUTTERSTOCK

5. Álvaro vende velas especiais, como a da imagem, na feira de artesanato.

SHUTTERSTOCK

- Essa vela lembra que figura geométrica?

____

6. Observe as figuras geométricas espaciais.

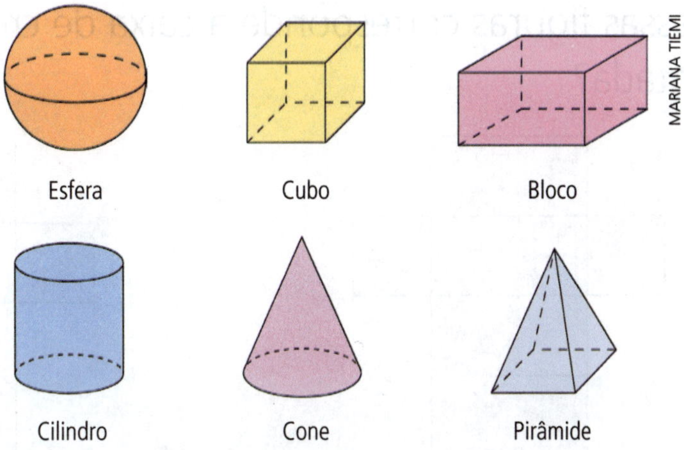

MARIANA TIEMI

a) Dessas figuras, quais têm superfície arredondada?

____

b) Quais figuras têm apenas faces planas?

____

7. Na figura geométrica abaixo, pinte:

- uma face de azul;
- uma aresta de vermelho;
- um vértice de verde.

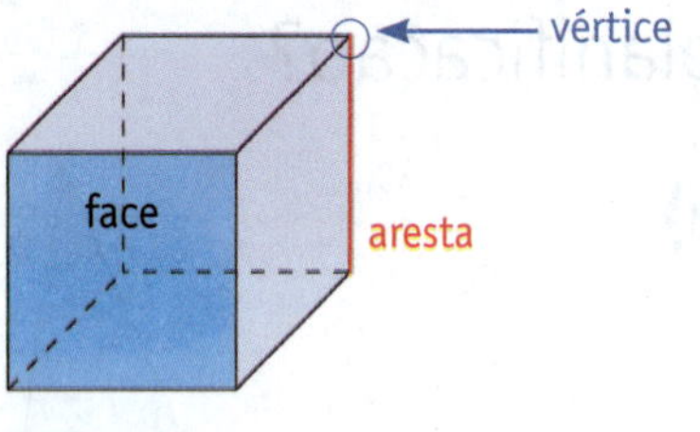

MARIANA TIEMI

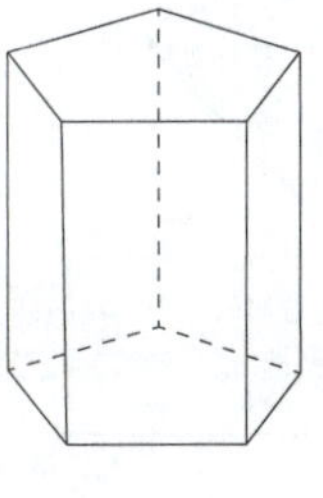

8. Observe uma caixa de creme dental.

SHUTTERSTOCK

a) A caixa de creme dental lembra que figura geométrica?

____

b) Complete com a quantidade de cada elemento dessa figura geométrica.

Faces: ________ Arestas: ________ Vértices: ________

c) Qual dessas figuras corresponde à caixa de creme dental desmontada?

☐ 

☐ 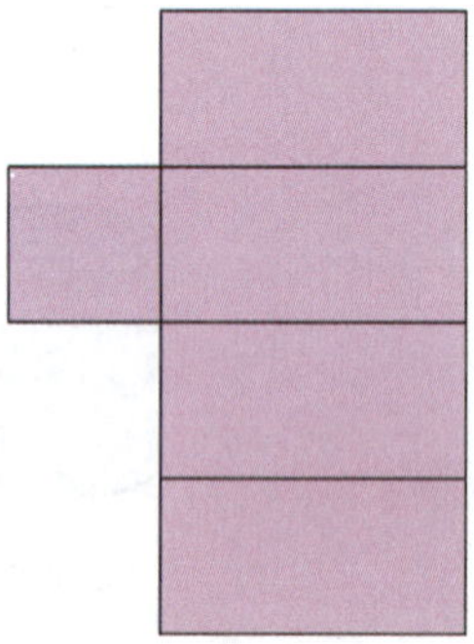

A **planificação** de uma figura geométrica espacial reúne suas faces dispostas no plano.

9. Quantas e quais figuras geométricas planas formam cada planificação?

a) 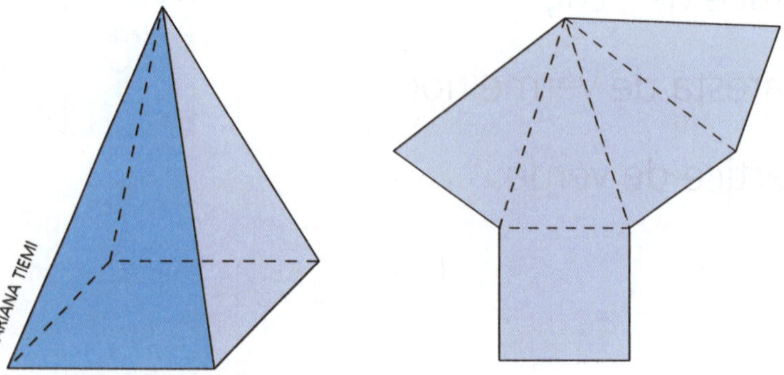

MARIANA TIEMI

____

b)

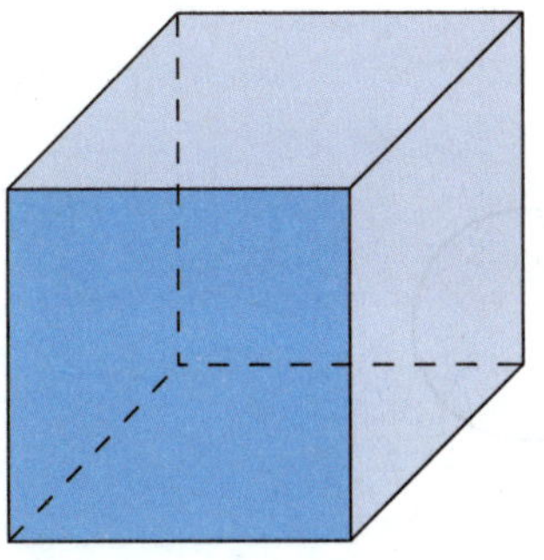

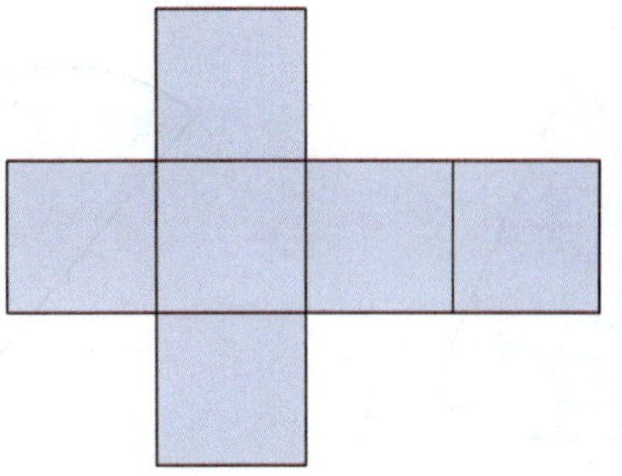

____

c)

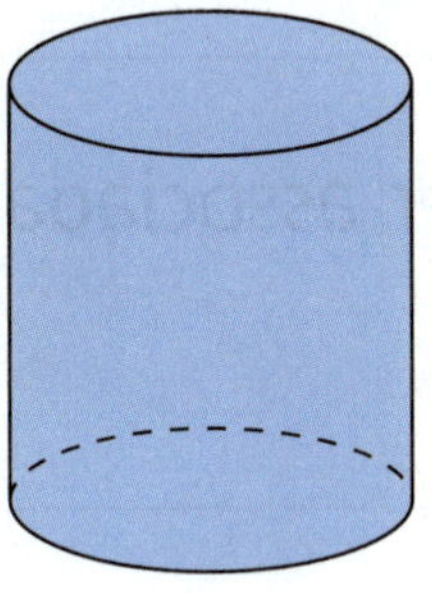

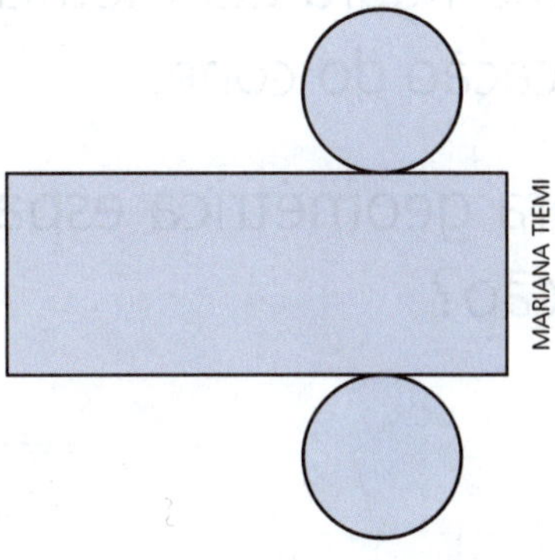

____

10. Observe um prisma e sua planificação.

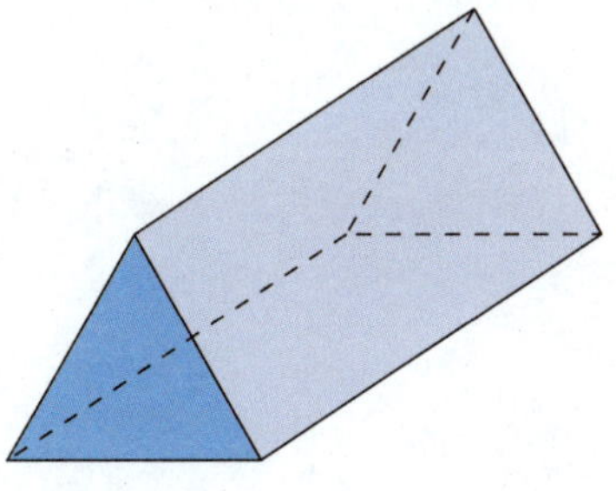

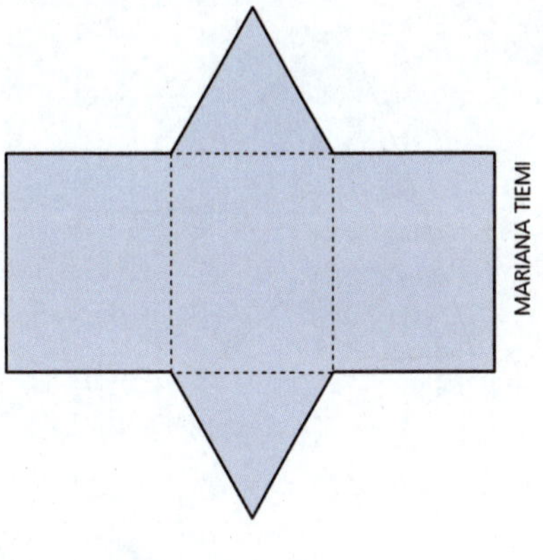

a) Quantas faces tem esse prisma? ______________

b) Quantos vértices ele tem? ______________

c) Quantas arestas? ______________

d) Que figuras geométricas planas compõem essa planificação?

____

11. Observe o cone e sua planificação.

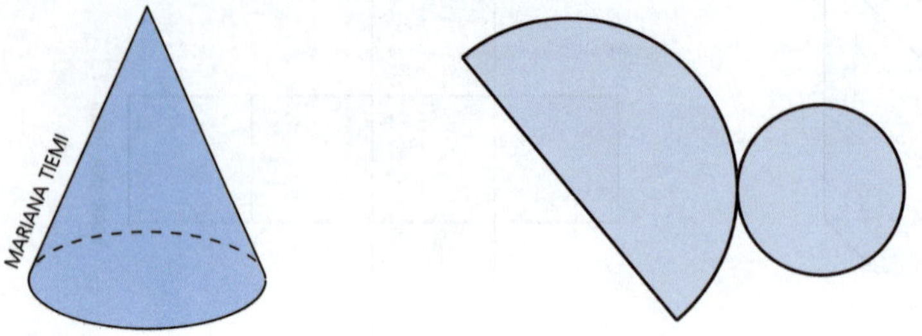

a) Quantos vértices tem esse cone? ____________________

b) Cite uma figura geométrica plana que faz parte da planificação do cone. ____________________

12. Que figura geométrica espacial pode ser associada a cada planificação?

a) ____________________

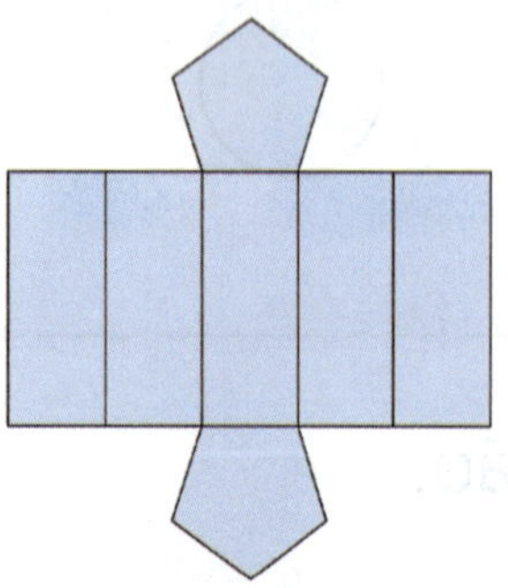

b) ____________________

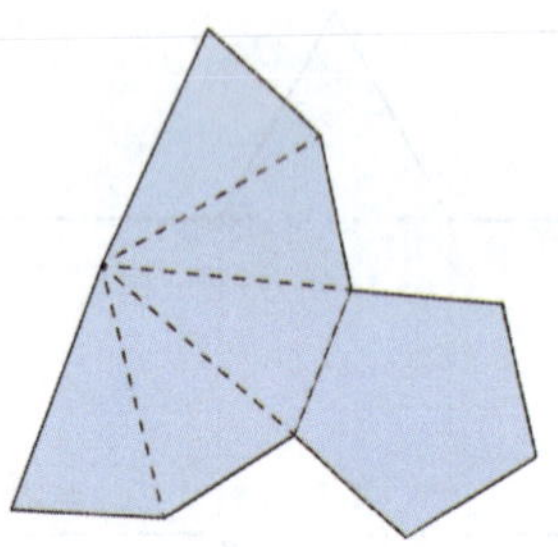

c) ____________________

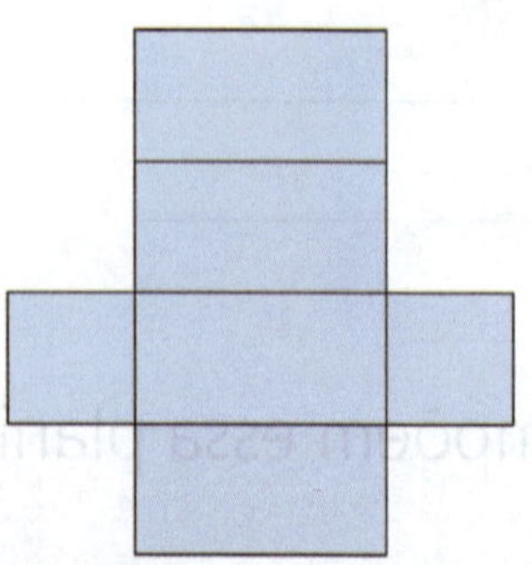

13. Numa festa de aniversário, Isabel recebeu um chapéu desmontado como o da figura. Depois de montado, ele se parecerá com que figura geométrica espacial?

____

14. Manoel comprou uma caixa de presentes desmontada. Depois de montada, a embalagem irá lembrar que figura geométrica espacial?

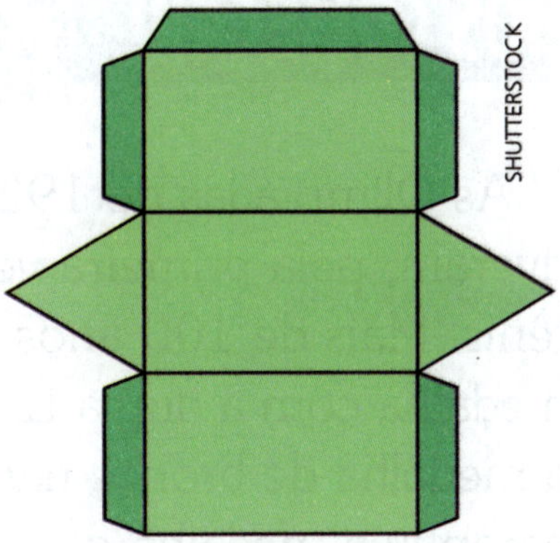

____

____

DIÁRIO DE BORDO

Nessas atividades, você aprendeu que:

- objetos cotidianos podem nos lembrar **figuras geométricas espaciais**;
- algumas figuras geométricas espaciais tem **faces**, **vértices** e **arestas**;
- planificação é uma disposição das faces de uma figura geométrica espacial em um plano.

SEQUÊNCIA

4 NÚMEROS ATÉ 1000

VAMOS COMEÇAR!

As Olimpíadas de 1920, realizadas na Antuérpia (Bélgica), tiveram, pela primeira vez, a participação de duplas femininas no tênis. Mais de 100 anos depois, o Brasil consegue sua primeira medalha com a dupla Luisa Stefani e Laura Pigossi, conquistando a medalha de bronze nas Olimpíadas de Tóquio. A partida que garantiu a medalha de bronze contou com 4 *sets*: o primeiro *set* teve duração de 56 minutos, e o segundo, de 52 minutos.

SHUTTERSTOCK

Luisa Stefani e Laura Pigossi nas Olimpíadas de Tóquio, em 2021.

a) No jogo, qual *set* teve maior duração?

b) Quantas dezenas tem o número 56?

c) Quantas unidades tem o número 52?

d) Que quantidade o 1 representa no número 1920?

VAMOS ENTENDER!

Você conhece o Material Dourado?
O **cubinho** representa **1 unidade**.
A **barra** representa **1 dezena**.
A **placa** representa **1 centena**.

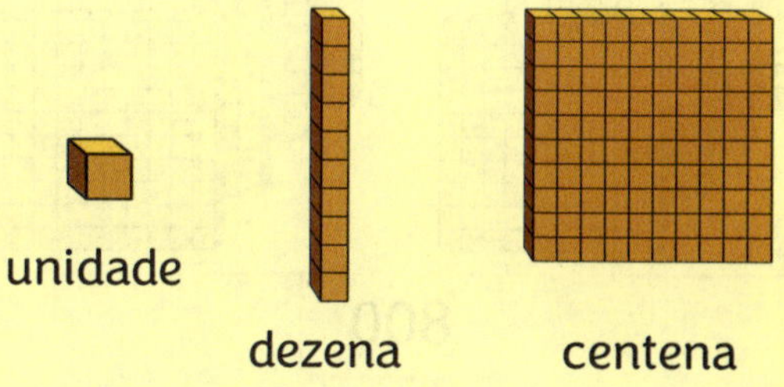

1. Quantas barras há em cada grupo? Represente a quantidade seguindo o exemplo.

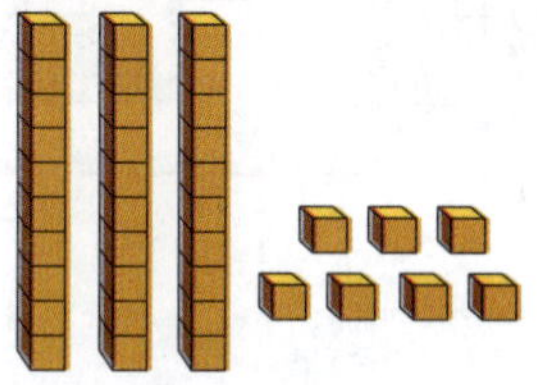

37

Trinta e sete ________________

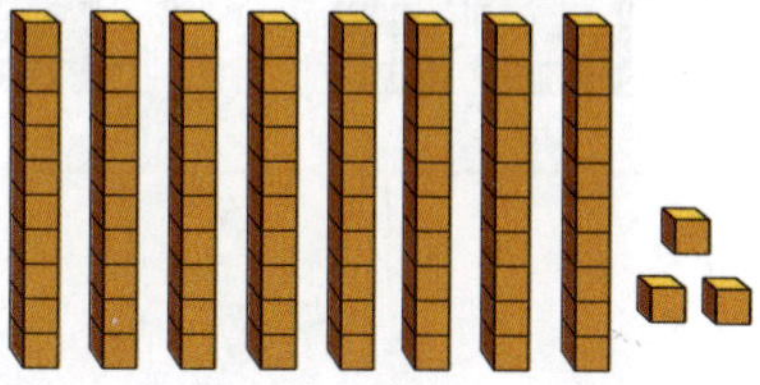

____

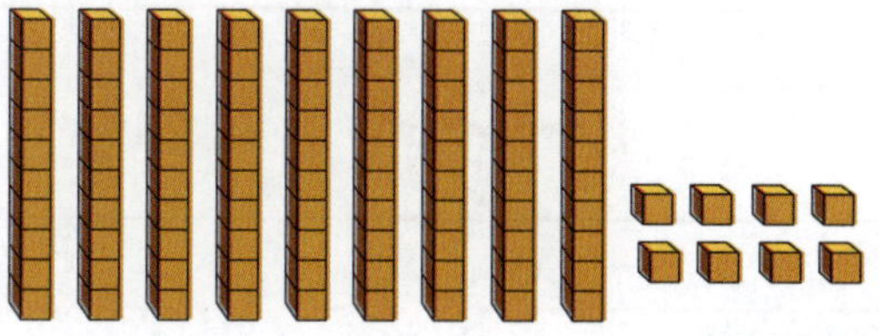

____

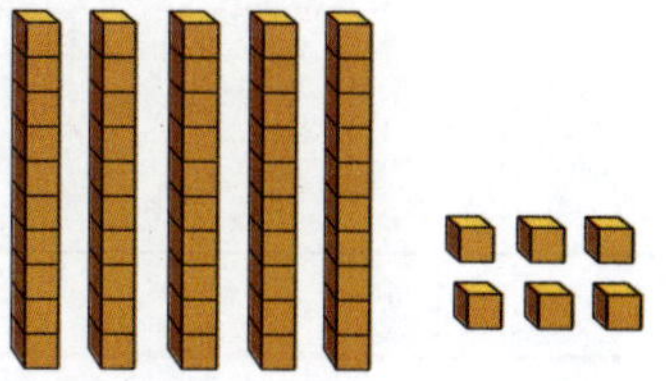

____

- Agora, escreva os números que você encontrou, em ordem crescente.

____

2. Escreva por extenso e com algarismos a quantidade representada em cada grupo. Observe o exemplo.

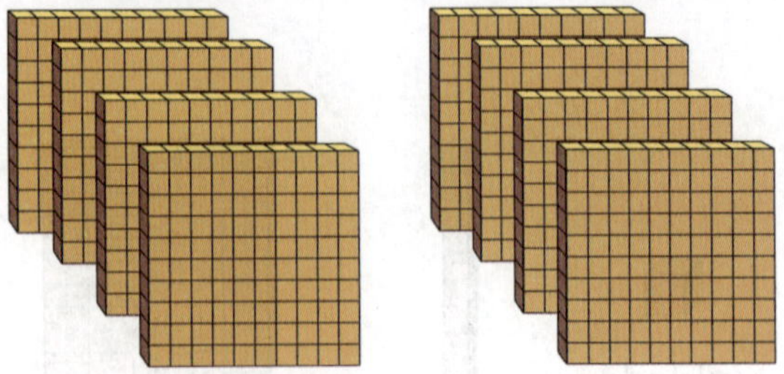

800

Oitocentos

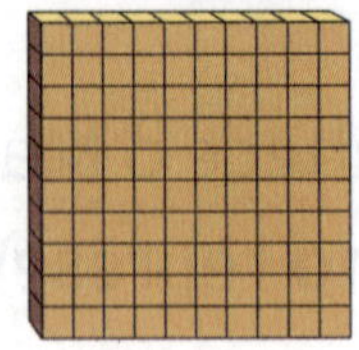

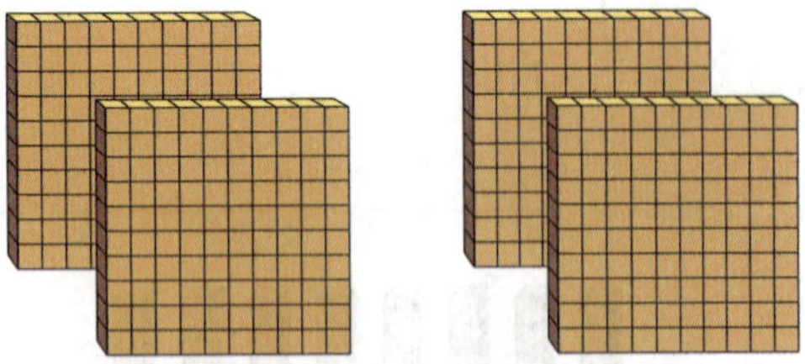

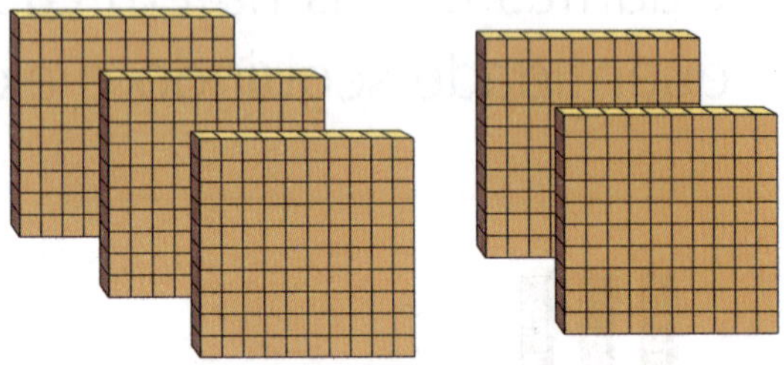

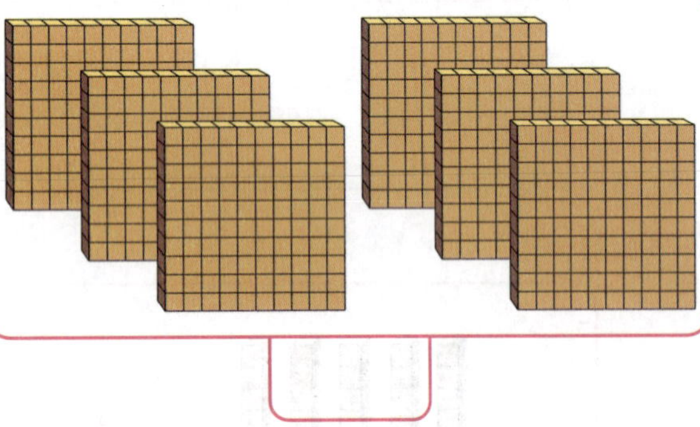

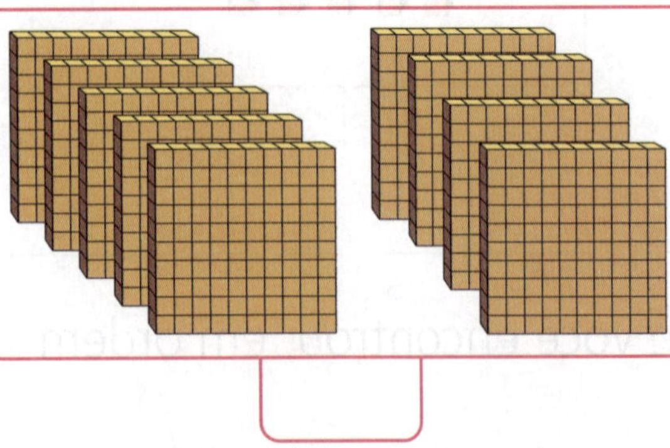

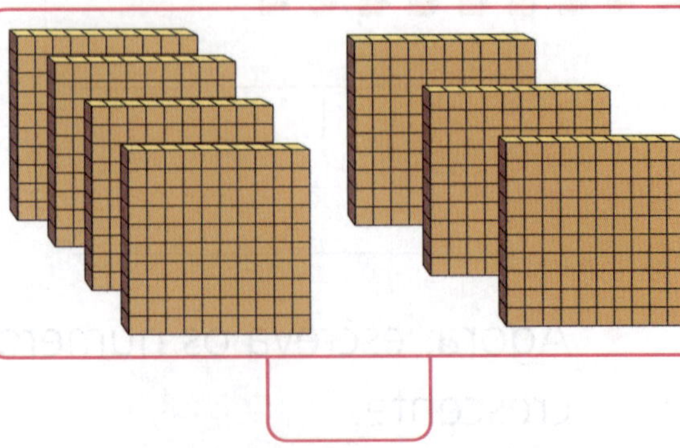

3. Escreva a quantidade representada em cada grupo.

a)

_____ centena, _____ dezenas e _____ unidades: _________

b)

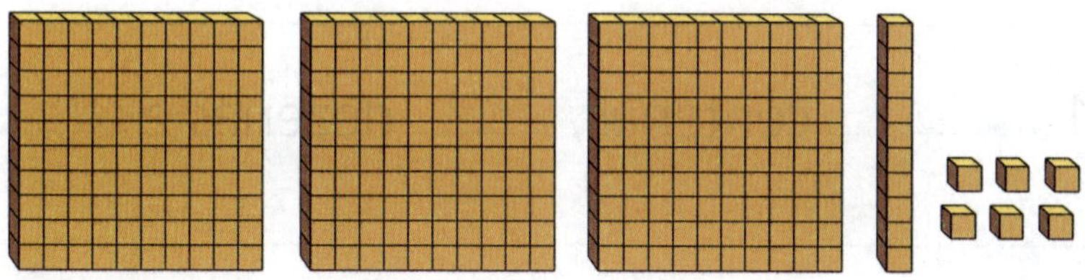

_____ centenas, _____ dezena e _____ unidades: _________

c)

_____ centenas, _____ dezenas e _____ unidades: _________

d)

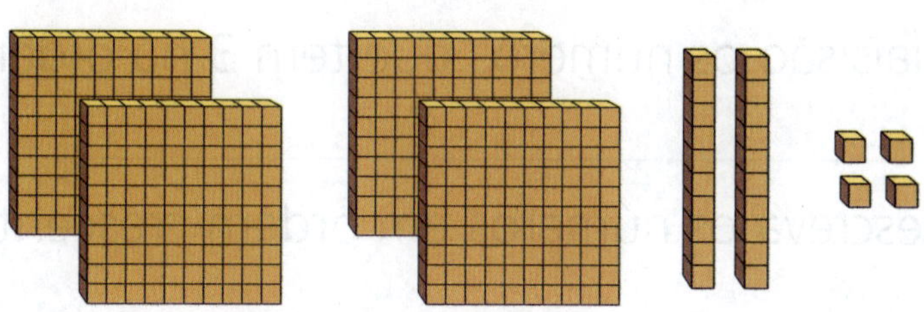

_____ centenas, _____ dezenas e _____ unidades: _________

4. Decomponha os números em centenas, dezenas e unidades. Como no exemplo, escreva por extenso.

a) 237 → 2 centenas, 3 dezenas e 7 unidades
Duzentos e trinta e sete

b) 354 → ____ centenas, ____ dezenas e ____ unidades

____

c) 125 → ____ centenas, ____ dezenas e ____ unidades

____

d) 841 → ____ centenas, ____ dezenas e ____ unidades

____

e) 563 → ____ centenas, ____ dezenas e ____ unidades

____

f) 999 → ____ centenas, ____ dezenas e ____ unidades

____

5. Observe os números a seguir e responda às questões.

562 957 438 781 124 501 630 241

a) Qual é o maior número? ____

b) Qual é o menor número? ____

c) Quais são os números que têm 1 na ordem das unidades?

____

d) Quais são os números que têm 3 na ordem das dezenas?

____

e) Reescreva os números em ordem crescente.

____

f) Reescreva os números em ordem decrescente.

____

6. Em cada número, escreva o que é pedido na primeira coluna.

	184	841
O algarismo da ordem das centenas		
O algarismo da ordem das dezenas		
O algarismo da ordem das unidades		
Faça um **X** no número maior.		

7. Em cada item, escreva as quantidades representadas.

a)

C	D	U

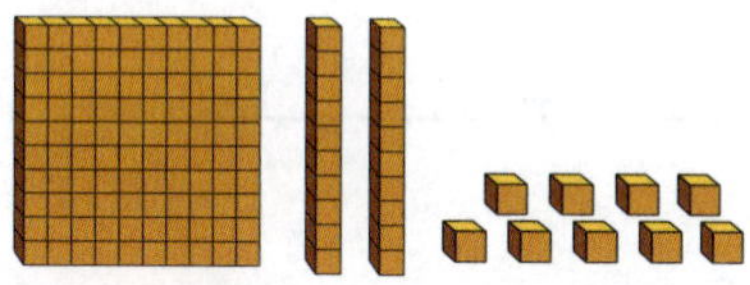

b)

C	D	U

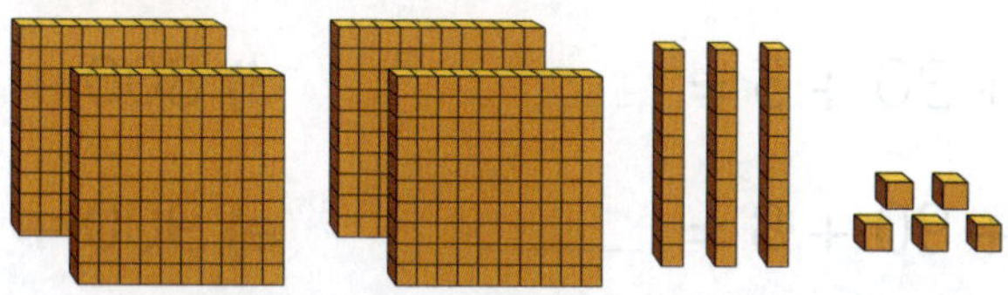

c)

C	D	U

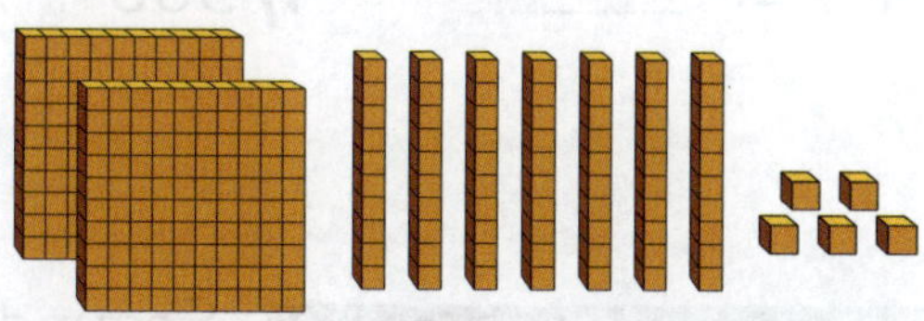

d)

C	D	U

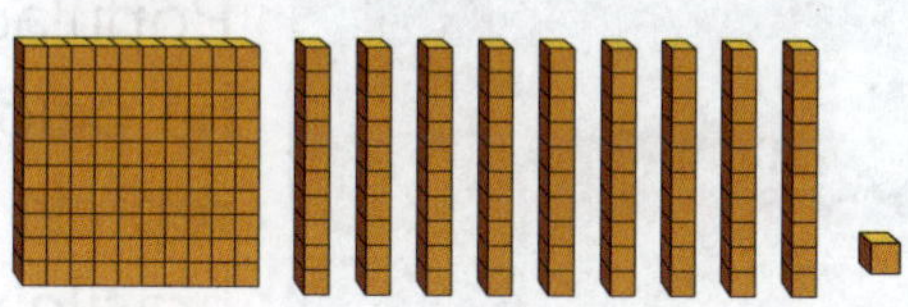

e)

C	D	U

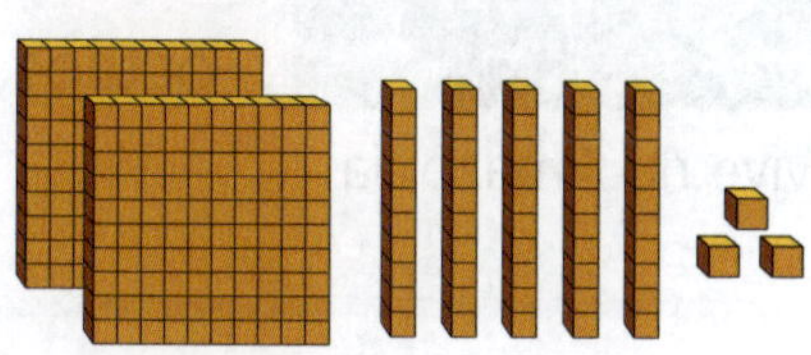

f)

C	D	U

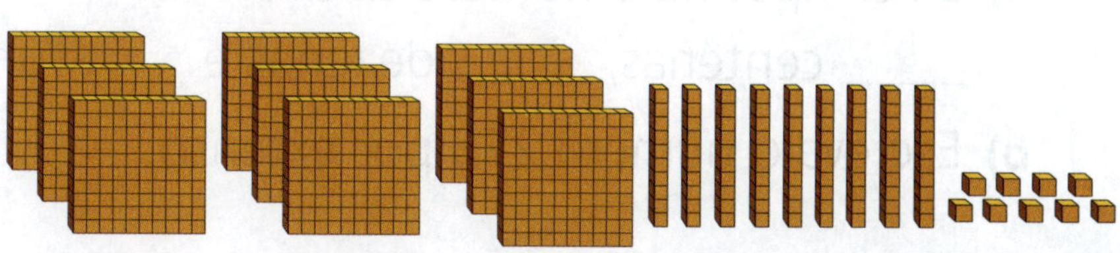

8. Decomponha os números seguindo o exemplo.

368 = 300 + 60 + 8

a) 123 = _____ + _____ + _______

b) 247 = _____ + _____ + _______

c) 826 = _____ + _____ + _______

d) 671 = _____ + _____ + _______

e) 432 = _____ + _____ + _______

f) 507 = _____ + _____ + _______

9. Complete.

a) 200 + 30 + 5 = _____

b) 100 + 90 + 8 = _____

c) 500 + 40 + 7 = _____

d) 800 + 70 + 6 = _____

e) 900 + 90 + 9 = _____

f) 300 + 70 + 0 = _____

10.

SHUTTERSTOCK

O jacaré-de-óculos vive na Amazônia brasileira.

Segundo o Instituto Sociedade, População e Natureza (ISPN), há pelo menos 273 espécies de répteis vivendo na Amazônia brasileira. O jacaretinga, conhecido como jacaré-de-óculos, é uma dessas espécies.

a) Decomponha o número 273.

_____ centenas, _____ dezenas e _____ unidades.

b) Escreva o número 273 por extenso.

____

10 centenas correspondem a **1 unidade de milhar (1000)**.

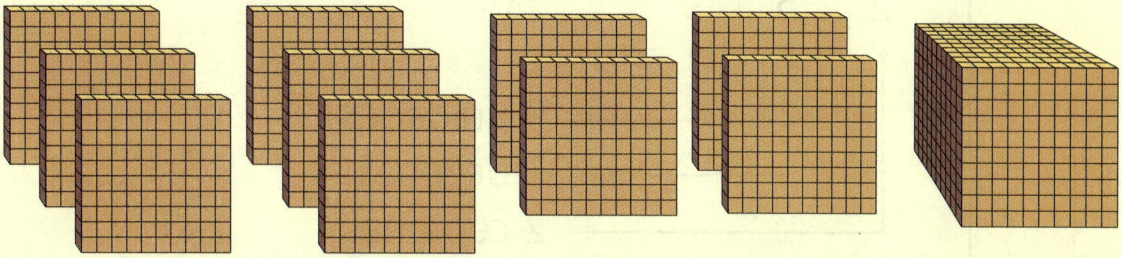

10 C = 1 UM

11. Em cada item, encontre o número representado.

a)

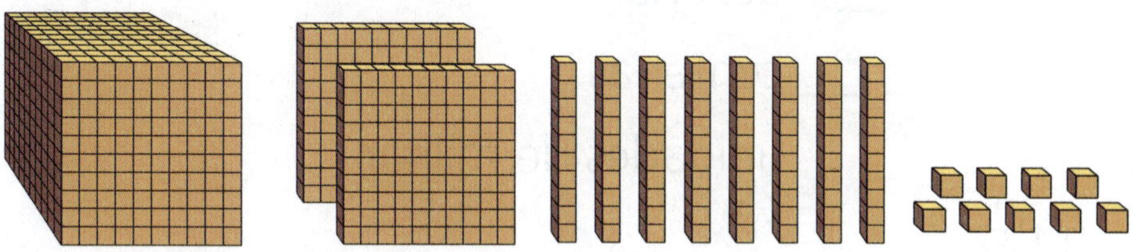

Número representado: ____________________

b)

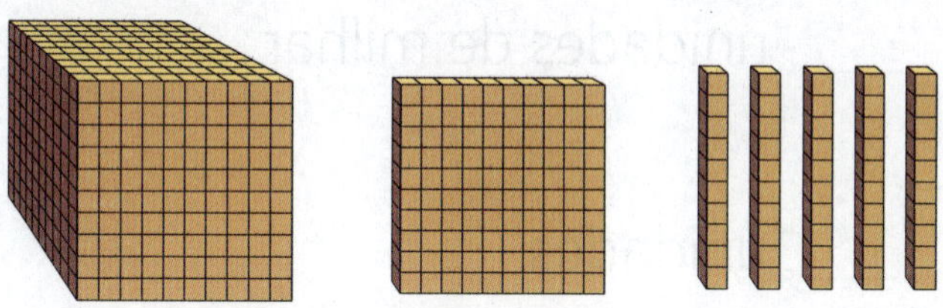

Número representado: ____________________

c)

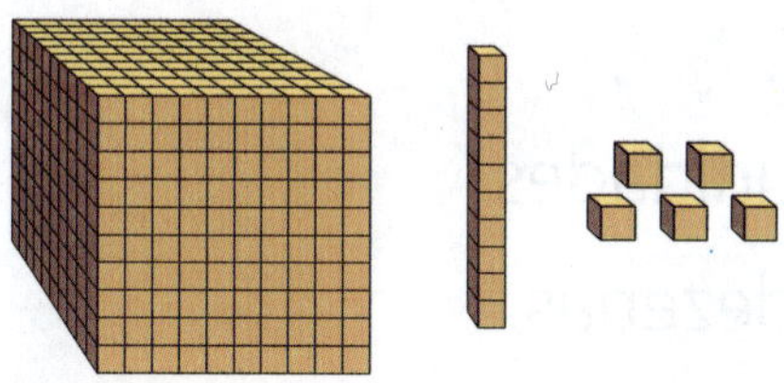

Número representado: ____________________

12. Complete seguindo o exemplo.

1 2 5 9

- 9 unidades
- 5 dezenas
- 2 centenas
- 1 unidade de milhar

a) 2 534

_____ unidades

_____ dezenas

_____ centenas

_____ unidades de milhar

b) 3 122

_____ unidades

_____ dezenas

_____ centenas

_____ unidades de milhar

c) 4 057

_____ unidades

_____ dezenas

_____ centenas

_____ unidades de milhar

d) 7 650

_____ unidades

_____ dezenas

_____ centenas

_____ unidades de milhar

Observe o número 2159 escrito no quadro de ordens.
UM significa unidade de milhar.

UM	C	D	U
2	1	5	9

13. Escreva nos quadros os números representados com Material Dourado.

a)

UM	C	D	U

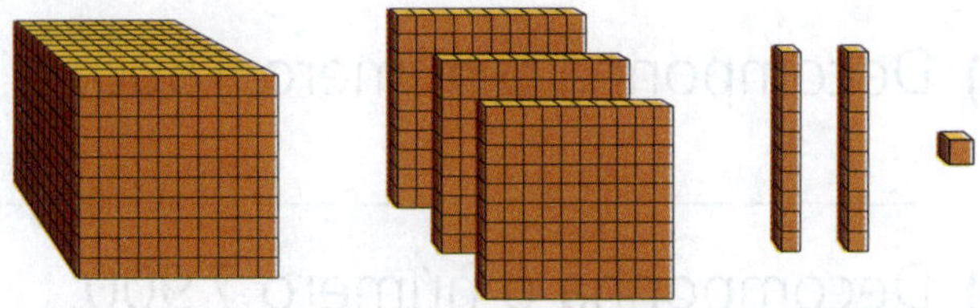

b)

UM	C	D	U

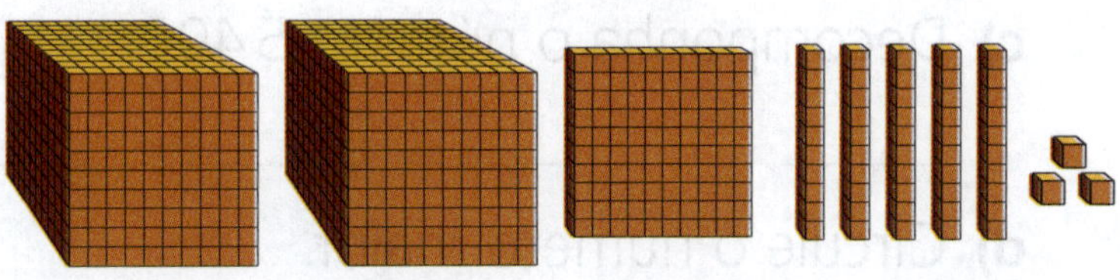

14. Escreva os números com algarismos.

a) Um mil, duzentos e trinta e cinco → ______________

b) Dois mil e vinte e três → ______________

c) Sete mil e setenta → ______________

15. Escreva os números por extenso.

a) 4 523 → ______________________________

b) 1 920 → ______________________________

c) 8 716 → ______________________________

16. Paulo trabalha em uma loja vendendo celulares. Observe os modelos que ele tem para vender.

a) Decomponha o número 1800.

____

b) Decomponha o número 7900.

____

c) Decomponha o número 5400.

____

d) Circule o número maior.

1800 → 7900 → 5400

e) Escreva por extenso o preço do modelo mais barato.

____

DIÁRIO DE BORDO

Nessas atividades, você aprendeu que:

- é possível decompor um número em **unidades**, **dezenas**, **centenas** e **unidade de milhar**;
- para comparar números, é preciso observar o algarismo que ocupa cada uma das ordens no número.

SEQUÊNCIA 5

ADIÇÃO E SUBTRAÇÃO

VAMOS COMEÇAR!

O álbum de figurinhas de Vítor tem, ao todo, 400 espaços para colar as figurinhas. No dia em que ganhou o álbum, Vítor colou 257 figurinhas. Uma semana depois, ele ganhou mais 120 figurinhas e as colou no álbum.

SHUTTERSTOCK

a) Como podemos saber quantas figurinhas Vítor já colou no álbum?

b) Como podemos saber quantas figurinhas ainda faltam para Vítor completar o álbum?

c) Quantas figurinhas ao todo Vítor já colou no álbum?

d) Quantas figurinhas faltam para Vítor completar o álbum?

VAMOS ENTENDER!

1. Laura e Heitor estão jogando trilha.

SHUTTERSTOCK

Nesta rodada, Heitor está na casa 18, e Laura, na casa 15.

a) Na próxima rodada, Heitor terá de voltar 2 casas. Qual é o número da casa em que ele irá ficar?

____

b) Em seguida, Laura irá avançar 3 casas. Qual é o número da casa em que ela irá ficar?

____

c) Quem estará na frente? ____________________

2. Maria representou, em uma reta numérica, a posição em que se encontra e a localização de sua casa. Com uma seta, ela indicou seu deslocamento para chegar em casa. Veja.

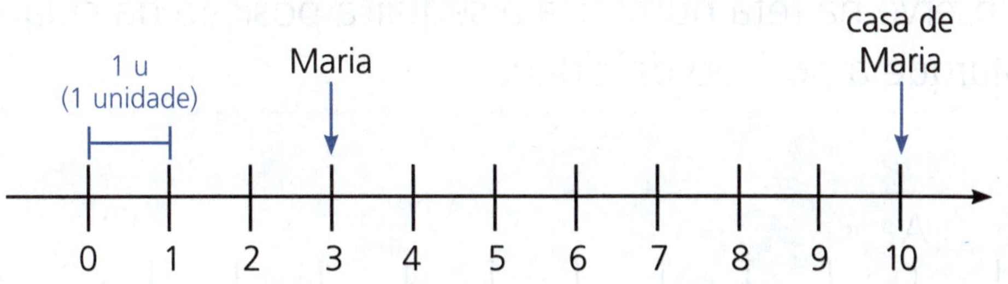

a) Em que posição Maria se encontra? ______________________

b) Em que posição está a casa de Maria? ____________________

c) Quantas unidades Maria precisa se deslocar para chegar até sua casa? ______________________________

3. Alice está fazendo uma caminhada em uma trilha. Nesta reta numérica estão representados, em metros, o ponto de partida de Alice e o ponto em que ela fez a primeira parada. Essa reta representa uma trilha, em que os números indicam as distâncias do ponto 0 até 1000 metros.

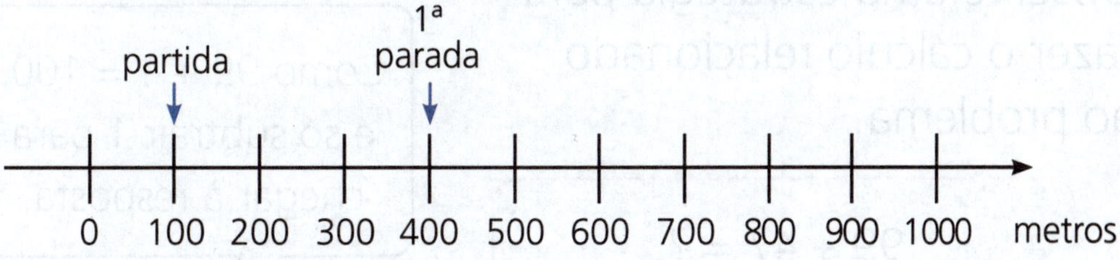

a) Em que ponto da trilha Alice começou sua caminhada?

____

b) Em que ponto ela fez sua primeira parada? ______________

c) Depois de descansar um pouco, Alice caminhou mais 500 metros e fez uma segunda parada. Em que posição da trilha Alice parou? Represente na reta numérica.

4. Gabriel fez uma viagem da cidade A até a cidade B por uma estrada. A cidade A fica no quilômetro 15, e a cidade B no quilômetro 55.

a) Observe na reta numérica a seguir a posição da cidade A. Marque a posição da cidade B.

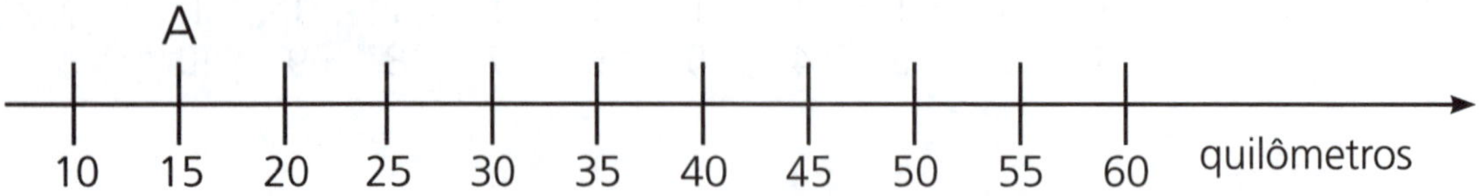

b) Represente na reta numérica o deslocamento de Gabriel para ir da cidade A até a cidade B.

c) Quantos quilômetros Gabriel percorreu da cidade A até a cidade B? Represente na reta numérica. ____________

5. Leia o problema a seguir.

Pedro tinha 99 reais. Ele fez um trabalho que lhe rendeu 47 reais. Com quantos reais Pedro ficou?

Observe uma estratégia para fazer o cálculo relacionado ao problema.

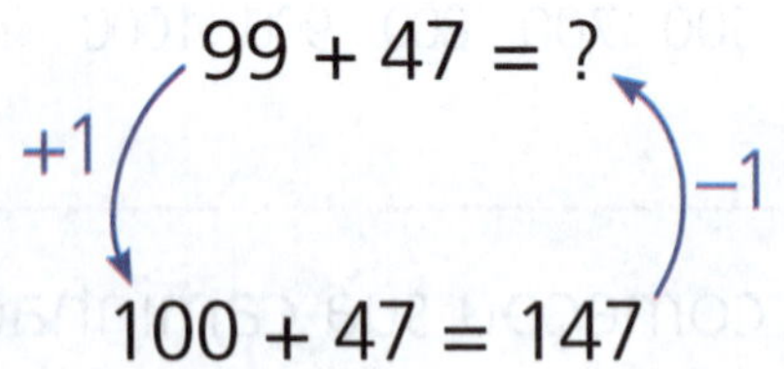

SHUTTERSTOCK

Calcule mentalmente:

a) 49 + 17 = ______

b) 92 – 53 = ______

c) 138 + 13 = ______

d) 98 – 75 = ______

6. A escada de um prédio tem 2 lances com 14 degraus cada um. Para subir os dois lances de escada, é preciso subir quantos degraus?

É preciso subir _______ degraus.

7. Ana está se preparando para uma maratona. Na segunda-feira, ela correu 12 km. Na terça-feira, ela correu 10 km, mas na quarta-feira conseguiu correr 15 km. Quantos quilômetros, no total, Ana percorreu nesses 3 dias?

Ana percorreu _______ km nesses 3 dias.

8. Todos os dias, uma academia recebe 445 pessoas no período da manhã e 132 pessoas no período da tarde. No período noturno, a academia ainda recebe 322 pessoas.

a) Quantas pessoas frequentam a academia considerando o período da manhã e o da tarde juntos?

No período da manhã e no da tarde, _______ pessoas frequentam a academia.

b) Em um dia inteiro, considerando todos os períodos juntos, quantas pessoas a academia recebe?

Em um dia inteiro, _______ pessoas frequentam a academia.

9. O *smartphone* de Gustavo tem memória de 64 GB. Sabendo que ele já utilizou 42 *gigabytes* da capacidade, quantos *gigabytes* de memória ainda restam no *smartphone* de Gustavo?

Restam _______ *gigabytes* de memória no *smartphone* de Gustavo.

10. O caderno de Júlia tem 200 folhas, e durante o ano letivo ela utilizou 187 folhas. Quantas folhas sobraram no caderno de Júlia?

Sobraram _______ folhas no caderno de Júlia.

11. Davi tinha 33 carrinhos em sua coleção. Ele ganhou 12 carrinhos de presente de aniversário. Em seguida, doou 7 carrinhos para a feira de trocas da escola. Com quantos carrinhos Davi ficou?

Davi ficou com _______ carrinhos.

12. Isabel está lendo um livro de 498 páginas. Ela já leu 127 páginas. Quantas páginas ainda restam para Isabel ler?

Ainda restam _______ páginas para Isabel ler.

13. No casamento de Pedro havia 114 mulheres e 132 homens. Quantas pessoas, ao todo, foram ao casamento de Pedro? Complete calculando por decomposição.

114 → 100 + 10 + 4

\+ 132 → 100 + 30 + 2

_____ + _____ + _____ = _______

No casamento de Pedro havia _______ pessoas.

14. Eduardo mora em um condomínio com dois blocos, sendo que no bloco A moram 163 pessoas, e no bloco B moram 225 pessoas. Quantas pessoas moram no condomínio de Eduardo? Calcule por decomposição.

163 → _____ + _____ + _____

\+ 225 → _____ + _____ + _____

_____ + _____ + _____ = _______

No condomínio moram _______ pessoas ao todo.

15. Em uma empresa trabalham 321 pessoas no período diurno e 172 no período noturno. Quantas pessoas, no total, trabalham nessa empresa?

321 → _____ + _____ + _____

\+ 172 → _____ + _____ + _____

_____ + _____ + _____ = _______

Nessa empresa trabalham _______ pessoas no total.

16. Observe o exemplo e calcule as demais adições.

$$\begin{array}{r} 256 \\ +127 \\ \hline \end{array} \quad \begin{array}{l} \rightarrow 200 + 50 + 6 \\ \rightarrow 100 + 20 + 7 \\ \hline 300 + 70 + 13 \\ 300 + 70 + 10 + 3 \\ 300 + 80 + 3 = 383 \end{array}$$

a) 428 → ____ + ____ + ____

\+ 216 → ____ + ____ + ____

____ + ____ + ____

____ + ____ + ____ + ____

____ + ____ + ____ = ____

b) 572 → ____ + ____ + ____

\+ 345 → ____ + ____ + ____

____ + ____ + ____

____ + ____ + ____ + ____

____ + ____ + ____ = ____

c) 378 → ____ + ____ + ____

\+ 215 → ____ + ____ + ____

____ + ____ + ____

____ + ____ + ____ + ____

____ + ____ + ____ = ____

17. Em um campeonato de futebol, o time Alvinegro fez 55 pontos na primeira rodada e 42 pontos na segunda rodada. Quantos pontos o time fez no total? Calcule.

	D	U
	5	5
+	4	2

No total, o time fez ______ pontos.

18. Na escola de Pedro estudam, no período da manhã, 423 alunos e, no período da tarde, 350 alunos. Quantos alunos estudam na escola durante o dia? Calcule completando o quadro.

	C	D	U
	4	2	3
+	3	5	0

Na escola de Pedro estudam, no total, ______ alunos.

19. Na escola Aprender e Ensinar existem turmas para os Anos Iniciais e para os Anos Finais do Ensino Fundamental. Nos Anos Iniciais estudam 326 alunos, e nos Anos Finais estudam 322 alunos. Quantos alunos, no total, estudam na escola Aprender e Ensinar?

	C	D	U
	3	2	6
+	3	2	2

Na escola Aprender e Ensinar há, no total, ______ alunos.

Observe a operação abaixo.

	C	D	U
	(1) 1	8	2
+		5	2
	2	3	4

8D + 5D = 13D

13D = 1C + 3D

Como 8 dezenas + 5 dezenas é igual a 13 dezenas, trocamos 10 dezenas por 1 centena.

20. Calcule.

a)
$$\begin{array}{r} 87 \\ +\ 36 \\ \hline \end{array}$$

b)
$$\begin{array}{r} 73 \\ +\ 66 \\ \hline \end{array}$$

c)
$$\begin{array}{r} 146 \\ +\ 84 \\ \hline \end{array}$$

d)
$$\begin{array}{r} 218 \\ +\ 82 \\ \hline \end{array}$$

e)
$$\begin{array}{r} 312 \\ +\ 58 \\ \hline \end{array}$$

f)
$$\begin{array}{r} 671 \\ +\ 137 \\ \hline \end{array}$$

21. Uma partida de futebol é dividida em dois tempos, cada um com 45 minutos de duração. Sabendo que na partida entre o Clube A e o Clube B houve 3 minutos de acréscimo no primeiro tempo e 6 minutos de acréscimo no segundo tempo, qual foi a duração total dessa partida?

A duração total dessa partida foi de ________ minutos.

22. Ana está treinando para uma maratona. Ela caminhou 12 km na segunda-feira, 14 km na terça-feira e 15 km na quarta-feira. Sendo assim, qual foi a distância total percorrida por Ana nesses três dias?

Ana percorreu um total de ________ km nesses três dias.

23. Os pais de Murilo estão calculando as despesas do mês. Eles organizaram da seguinte maneira:

Despesa	Valor (em reais)
Água	73
Internet	99
Luz	235

Qual foi o valor total dessas despesas do mês?

____

____

O valor total foi de ________ reais.

24. Luan levou 37 figurinhas para jogar com os amigos na escola. Ele acabou perdendo 15 figurinhas nesse jogo. Com quantas figurinhas ele ficou?

	D	U
	3	7
−	1	5

Luan ficou com ________ figurinhas.

25. Camila vende artesanato na feira do bairro. No sábado, ela vendeu 275 reais em produtos e pagou 125 reais de aluguel da banca. Com quantos reais Camila ficou?

	C	D	U
	2	7	5
−	1	2	5

Camila ficou com ________ reais.

Como não é possível subtrair 5 unidades de 2 unidades, é preciso escrever 82 como 7 dezenas e 12 unidades.

	D	U
	~~8~~ 7	12
−	2	5
	5	7

26. Resolva as subtrações.

a) 45 – 18 = ______ b) 92 – 35 = ______

c) 44 – 27 = ______ d) 86 – 79 = ______

e) 232 – 119 = ______ f) 335 – 150 = ______

g) 428 – 275 = ______ h) 715 – 250 = ______

27. Marcelo foi ao supermercado e comprou uma bandeja de iogurte por 12 reais, um pacote de biscoito por 4 reais e uma barra de cereal de 6 reais. Para pagar, ele usou uma cédula de 50 reais. Qual foi o valor do troco que Marcelo recebeu?

Marcelo recebeu de troco ______ reais.

28. Uma lanchonete preparou 284 garrafas de suco natural. Sabendo que foram vendidas 239 garrafas durante o dia, quantas restaram?

Restaram ________ garrafas de suco.

29. Uma loja está oferecendo um desconto de 75 reais para quem comprar calças jeans e pagar sua compra em dinheiro. Roberto comprou uma calça jeans de 150 reais e uma blusa de 93 reais. Para garantir o desconto, ele fez o pagamento em dinheiro.

a) Qual é o valor da compra de Roberto sem o desconto? ______

b) Qual foi o valor pago por Roberto com o desconto? ________

30. Cláudio foi a um restaurante com os amigos para comemorar seu aniversário. Ele tinha, em sua carteira, 550 reais. Sabendo que o jantar custou 228 reais no total, com quantos reais Cláudio ficou?

Cláudio ficou com ________ reais.

31. Flávio fez um pedido em um restaurante, no qual a massa custou 59 reais, e o suco de 500 mL custou 7 reais. Então, quantos reais Flávio gastou com esse pedido?

Flávio gastou ________ reais.

32. Daniel empilhou alguns blocos. Cada bloco vale a soma dos valores dos dois blocos abaixo, em que está apoiado. Observe a figura e complete.

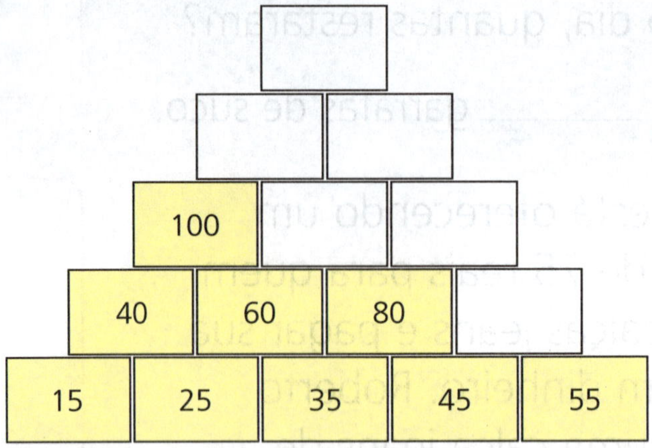

33. Gabriela faz coleção de cartões. Sabendo que ela tem 208 cartões em sua coleção e ganhou 133 novos cartões, com quantos cartões Gabriela ficou no total?

Gabriela ficou com ________ cartões.

34. Alice decidiu treinar para o triatlo e passou a nadar 500 m, pedalar 5 000 m e correr 1 200 m. Qual é a distância total que Alice percorre com todas as modalidades?

Alice percorre ________ metros.

DIÁRIO DE BORDO

Nessas atividades, você aprendeu que:

- a decomposição de números pode ser usada como uma estratégia para resolver adições.

SEQUÊNCIA 6

IGUALDADE

VAMOS COMEÇAR!

Rafael e Valentina visitaram um borboletário. Observe a conversa entre eles sobre quantas borboletas viram.

a) Quantas borboletas Rafael contou no total?

b) Quantas borboletas Valentina contou no total?

c) Há diferença entre a quantidade que cada um deles contou?

VAMOS ENTENDER!

1. Sérgio e Antônio têm, juntos, 23 bolinhas de gude.

a) Faça um **X** nas afirmações que indicam as quantidades possíveis de bolinhas de gude de cada um.

- [ ] Se Sérgio tiver 10 bolinhas, Antônio terá 14 bolinhas.
- [ ] Se Sérgio tiver 8 bolinhas, Antônio terá 15 bolinhas.
- [ ] Se Sérgio tiver 17 bolinhas, Antônio terá 7 bolinhas.
- [ ] Se Sérgio tiver 13 bolinhas, Antônio terá 10 bolinhas.

b) Sérgio tem 5 bolinhas a mais do que Antônio, quantas bolinhas cada um tem? Faça um **X** na afirmação correta.

- [ ] Sérgio tem 10 bolinhas, e Antônio tem 13 bolinhas.
- [ ] Sérgio tem 17 bolinhas, e Antônio tem 6 bolinhas.
- [ ] Sérgio tem 14 bolinhas, e Antônio tem 9 bolinhas.
- [ ] Sérgio tem 19 bolinhas, e Antônio tem 4 bolinhas.

O sinal = representa **igualdade**. Lê-se “igual a”.

2. Complete as operações para que o resultado seja 100.

a) 10 + _____ = 100

b) 30 + _____ = 100

c) 50 + _____ = 100

d) 20 + _____ = 100

e) 40 + _____ = 100

f) 60 + _____ = 100

3. Complete as igualdades para que sejam verdadeiras.

a) 125 + 75 = 100 + _____

b) 150 + 150 = _____ + 100

c) 450 + 550 = 300 + _____

d) 215 + _____ = 200 + 50

e) 300 + _____ = 500 − 140

f) 625 + 25 = 900 − _____

4. Observe quantos reais João e Marina têm.

Quantia de João

Quantia de Marina

a) Quantos reais cada um deles tem?

João: _____ + _____ + _____ = _______________

Marina: ____ + _____ + _____ + ____ + _____ + _____ = _______

b) Assinale a sentença que representa corretamente a quantia que João e Marina têm.

- [ ] 10 + 5 = 5 + 2 + 1
- [ ] 10 + 5 = 5 + 5 + 5 + 2 + 2 + 1
- [ ] 10 + 5 + 5 = 5 + 2 + 1
- [ ] 10 + 5 + 5 = 5 + 5 + 5 + 2 + 2 + 1

5. Calcule e verifique se as igualdades são verdadeiras ou falsas. Observe o exemplo.

$$50 + 20 + 8 = 30 + 30 + 18$$
$$70 + 8 = 60 + 18$$
$$78 = 78$$

A igualdade é verdadeira.

a) 10 + 70 + 5 = 20 + 40 + 5

A igualdade é ____________

b) 50 + 60 – 16 = 80 + 10 + 4

A igualdade é ____________

c) 20 + 50 + 22 = 30 + 30 + 32

A igualdade é ____________

d) 5 + 10 + 100 = 5 + 110 – 20

A igualdade é ____________

6. Complete para que a igualdade seja correta.

a) 15 + 20 + 10 = ______ – 5 + 20

b) 10 + 25 + 5 = 12 + ______ – 5

c) 5 + 13 + 17 = 8 + 17 + ______

d) 32 + 10 + 15 = ______ + 10 + 9

e) 10 + 6 + 41 = 20 + 8 + ______

f) 7 + 20 + 30 = 2 + 20 + ______

7. Vitória e sua mãe estão treinando para participar de uma corrida de rua. Durante duas semanas, elas anotaram quanto correram em cada dia da semana para comparar a evolução. Observe.

Dias da semana	Distância percorrida na semana 1	Distância percorrida na semana 2
Segunda-feira	2 km	4 km
Terça-feira	3 km	6 km
Quarta-feira	4 km	4 km
Quinta-feira	6 km	3 km
Sexta-feira	4 km	2 km

As distâncias percorridas nas duas semanas são iguais ou diferentes? Justifique sua resposta.

DIÁRIO DE BORDO

Nessas atividades, você aprendeu que:

- o sinal = indica que os dois lados de uma expressão matemática são iguais;
- é possível usar o conceito de igualdade para descobrir elementos ausentes em uma operação.

SEQUÊNCIA

7

SEQUÊNCIAS

VAMOS COMEÇAR!

Na rua em que Beto mora, as casas que estão de um mesmo lado da calçada têm numeração ímpar e seguem um padrão. Veja a figura a seguir.

SHUTTERSTOCK / MARIANA TIEMI

a) Observe a numeração das casas. Existe algum padrão nesses números? Qual?

b) Depois da casa número 55 há mais uma casa. Se a numeração seguir o mesmo padrão, qual será o número dessa casa?

c) Da esquerda para a direita, os números da casa estão em ordem crescente ou decrescente?

VAMOS ENTENDER!

1. Assinale qual das sequências diminui de 2 em 2.

- [ ] 21 – 23 – 25 – 27 – 29
- [ ] 21 – 19 – 17 – 15 – 13
- [ ] 1 – 3 – 5 – 7 – 9 – 11 – 13
- [ ] 3 – 7 – 11 – 15 – 19 – 23

2. Assinale qual das sequências diminui de 10 em 10.

- [ ] 90 – 81 – 72 – 63 – 54
- [ ] 95 – 85 – 95 – 85 – 95
- [ ] 81 – 71 – 61 – 51 – 41
- [ ] 75 – 67 – 59 – 51 – 43

3. Observe a sequência a seguir.

21 → 28 → 35 → 42 → 49 → [ ] → 63 → 70 → [ ] → 84 → 91

a) Complete a sequência com os números que faltam.

b) Qual é o padrão dessa sequência?

____

4. Encontre os termos que faltam nesta sequência.

60 → 52 → 44 → 36 → 28 → ___ → ___

a) Como você encontrou os termos? Explique.

____

____

____

5. Júlia está com dor de garganta. O médico a orientou a tomar um antibiótico três vezes ao dia, ou seja, de 8 em 8 horas, por uma semana. Júlia tomou o primeiro comprimido às 6 horas e o segundo comprimido, às 14 horas. Qual é o horário que ela deve tomar o terceiro comprimido?

____

6. Nas Olímpiadas de Tóquio 2020, o italiano Marcell Jacobs recebeu medalha de ouro na modalidade 100 metros rasos no atletismo. Ele percorreu, aproximadamente, 10 metros de pista a cada segundo.

a) Complete a sequência que representa quantos metros Jacobs percorreu a cada segundo.

10 → 20 → 30 → 40 → 50 → ___ → 70 → ___ → 90 → 100

b) Qual é o padrão da sequência?

____

7. Nas sequências a seguir, observe o padrão e complete com os números que faltam.

a) +5 +5 +5 +5 +5 +5 +5

5, 10, 15, 20, 25, 30, ◯, ◯

b) +9 +9 +9 +9 +9 +9 +9

1, 10, 19, 28, 37, 46, ◯, ◯

c) −4 −4 −4 −4 −4 −4 −4

100, 96, 92, 88, 84, 80, ◯, ◯

8. Assinale a alternativa que representa o padrão das sequências a seguir.

a) 98 — 86 — 74 — 62 — 50 — 38

- [ ] Subtrair 8 do termo anterior.
- [ ] Subtrair 5 do termo anterior.
- [ ] Subtrair 12 do termo anterior.
- [ ] Subtrair 15 do termo anterior.

b) 12 — 18 — 24 — 30 — 36 — 42

- [ ] Somar 3 ao termo anterior.
- [ ] Somar 6 ao termo anterior.
- [ ] Somar 9 ao termo anterior.
- [ ] Somar 12 ao termo anterior.

9. Ano bissexto é aquele que tem 366 dias. Ele ocorre a cada 4 anos, e o último ano bissexto foi 2020. Assinale a alternativa composta somente por anos bissextos.

- ☐ 2014 – 2016 – 2020 – 2024 – 2028
- ☐ 2012 – 2016 – 2020 – 2022 – 2028
- ☐ 2012 – 2016 – 2020 – 2024 – 2028
- ☐ 2014 – 2018 – 2020 – 2022 – 2028

10. Para cada sequência, escreva se ela é crescente ou decrescente. Identifique, também, o padrão.

Sequência	Crescente ou decrescente	Padrão
1 – 3 – 5 – 7 – 9	Crescente	Somar 2 ao termo anterior
18 – 15 – 12 – 9 – 6		
21 – 31 – 41 – 51 – 61		
99 – 88 – 77 – 66 – 55		
1 – 4 – 7 – 10 – 13		
31 – 38 – 45 – 52 – 59		

DIÁRIO DE BORDO

Nessas atividades, você aprendeu que:

- uma sequência pode ser construída com adições ou subtrações sucessivas;
- para encontrar os termos que faltam em uma sequência, é preciso identificar o padrão dela.

SEQUÊNCIA 8

MULTIPLICAÇÃO

VAMOS COMEÇAR!

Marcela faz coleção de carrinhos em miniatura. Ela comprou 5 carrinhos e pagou 9 reais cada um.

ILUSTRA CARTOON

a) Quanto Marcela pagou por cada carrinho?

b) Quantos carrinhos Marcela comprou?

c) Como é possível descobrir quanto Marcela pagou por todos os carrinhos que ela comprou?

d) Quanto ela pagou por todos os carrinhos?

VAMOS ENTENDER!

1. Gustavo comprou 3 pacotes de figurinhas, e cada pacote tem 6 figurinhas. Para saber qual é a quantidade total de figurinhas, complete:

   6 + 6 + 6 = ______

   3 × 6 = ______

   Jorge comprou ______ figurinhas.

2. Henrique e seu primo têm 8 lápis cada um. Quantos lápis eles têm ao todo? Resolva usando adição e multiplicação.

   ______ + ______ = ______

   ______ × ______ = ______

   Os dois juntos têm ______ lápis.

3. Bruno organizou seus carros de brinquedos em 4 prateleiras, colocando 3 carros em cada uma. Quantos carros de brinquedo Bruno tem em sua coleção?

   ______ + ______ + ______ = ______

   ______ × ______ = ______

   Bruno tem ______ carros de brinquedo.

4. Daniel vende frutas na feira. Ele vende uma bandeja de morango por 9 reais e, na sexta-feira, ele vendeu 5 bandejas. Quantos reais Daniel obteve com as vendas de morango nesse dia?

   ______ + ______ + ______ + ______ + ______ = ______

   ______ × ______ = ______

   Daniel obteve ______ reais com a venda de morangos.

5. Em um campeonato de futebol, Leandro marcou 4 gols. Um outro jogador, Vinícius, fez o triplo de gols, no mesmo campeonato. Quantos gols Vinícius marcou?

_____ × _____ = _____

Vinícius fez _____ gols no campeonato.

6. Lucas tem o triplo da idade de seu sobrinho Igor. Sabendo que Igor tem 9 anos, qual é a idade de Lucas?

_____ × _____ = _____

Lucas tem _____ anos de idade.

7. De segunda a sexta-feira, no café da manhã, Manuela tem o hábito de beber 2 copos de vitamina de banana. Quantos copos de vitamina Manuela toma nesses 5 dias?

_____ × _____ = _____

Manuela toma _____ copos de vitamina.

8. Em seu mercadinho, Márcia vende caixas com 5 laranjas.

a) Sabendo que Felipe comprou 4 caixas, quantas laranjas ele comprou?

_____ × _____ = _____

Felipe comprou _____ laranjas.

b) Se cada caixa custa 4 reais, quanto Felipe pagou pelas 4 caixas de laranja?

_____ × _____ = _____

Felipe pagou _____ reais.

9. Juliana vende caquis na feira. Para proteger as frutas, ela organiza bandejas com 2 fileiras com 3 caquis cada uma. Quantos caquis tem cada bandeja?

_____ × _____ = _____

quantidade de fileiras — quantidade de caquis por fileira — quantidade total de caquis

Cada bandeja tem _____ caquis.

10. A sala de aula de Miguel está organizada em fileiras. Observe a imagem.

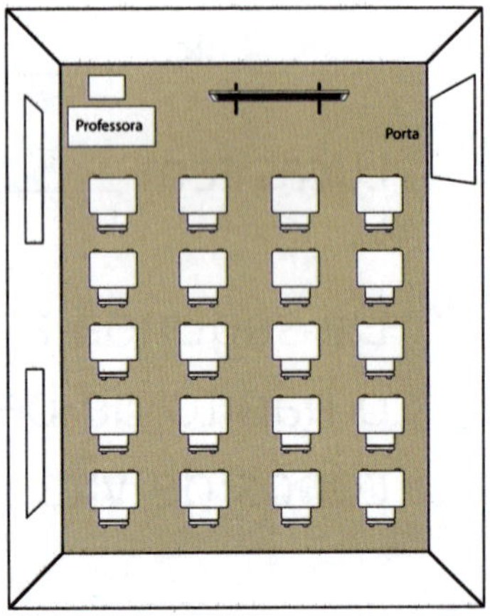

a) Quantas fileiras de carteiras há na sala de aula? _____

b) Quantas carteiras há em cada fileira?

_____

c) Quantas carteiras ao todo há na sala de aula de Miguel?

_____ × _____ = _____

Na sala de aula de Miguel há _____ carteiras.

11. Para um trabalho de escola, Marina recolheu tampinhas durante 3 dias. Em cada dia ela conseguiu recolher 12 tampinhas. Quantas tampinhas ela recolheu no total? Complete.

	D	U
	1	2
×		3

3 × 1 dezenas = _____

3 × 2 unidades = _____

12. Em sua primeira semana de trabalho, Heloísa vendeu 23 jogos de tabuleiro. Na segunda semana, ela conseguiu triplicar seu número de vendas. Assim, quantos jogos Heloísa vendeu na segunda semana de trabalho?

	D	U
×		

Heloísa vendeu ______ jogos de tabuleiro.

13. Iara vai iniciar as aulas no Ensino Médio e terá 12 disciplinas. Sabendo que ela comprou 1 caderno para cada disciplina e cada caderno custou 5 reais, quantos reais Iara gastou para comprar a quantidade necessária de cadernos?

	D	U
×		

Iara gastou ______ reais.

14. Em uma partida de basquete, o time A fez 28 pontos e o time B fez 3 vezes mais pontos. Quantos pontos fez o time B?

	D	U
×		

O time B fez ______ pontos.

15. Paulo convidou três de seus amigos para ir ao cinema. Sabendo que o ingresso no cinema custou 30 reais, qual foi o total gasto pelos 4 amigos para comprar ingressos?

	C	D	U
×			

O total gasto pelos amigos foi ______ reais.

16. Felipe comprou 2 pares de tênis, cada um custando 170 reais. Quanto Felipe gastou?

______ × ______ = ______

	C	D	U
×			

Felipe gastou ______ reais.

17. Alice está reunindo retalhos de tecido iguais ao da imagem a seguir. Cada retalho é formado por 4 filas de 4 quadrados. Quantos quadrados há em cada retalho?

SHUTTERSTOCK

	D	U
×		

Em cada retalho há ______ quadrados.

18. Fernando foi à loja comprar um tênis. Ele pagou com 10 cédulas de 20 reais e não recebeu troco. Quanto custou o tênis de Fernando?

______ × ______ = ______

O tênis de Fernando custou ______ reais.

19. Uma escola possui 10 salas com capacidade para 15 alunos em cada uma. Quantos alunos pode haver nessa escola?

______ × ______ = ______

Nessa escola pode haver ______ alunos.

20. Lorena fez uma pesquisa para sua festa de aniversário. Ela tem 9 convidados, e cada um disse que queria comer 6 docinhos. Considerando que Lorena também quer comer 6 docinhos, quantos docinhos ela deve fazer para a festa?

______ × ______ = ______

Lorena deve fazer ______ docinhos.

21. Calcule da maneira que preferir.

a) 2 × 72 = ______

b) 2 × 123 = ______

c) 2 × 325 = ______

d) 3 × 22 = ______

e) 3 × 53 = ______

f) 3 × 220 = ______

g) 4 × 32 = ______

h) 4 × 115 = ______

i) 5 × 15 = ______

j) 5 × 50 = ______

k) 5 × 120 = ______

l) 10 × 990 = ______

DIÁRIO DE BORDO

Nessas atividades, você aprendeu que:

- adição de parcelas iguais equivale à multiplicação;
- para obter a quantidade total de elementos distribuídos em linhas e colunas, fazemos uma multiplicação;
- no algoritmo da multiplicação, multiplica-se primeiro as unidades, depois as dezenas e, depois, as centenas.

SEQUÊNCIA 9

DIVISÃO

VAMOS COMEÇAR!

Sérgio e três amigos estão brincando com um jogo de perguntas e respostas. Nesse jogo, há 40 cartas e em cada carta, uma pergunta. Para começar, eles distribuíram as cartas igualmente entre os jogadores.

ILUSTRA CARTOON

a) Quantas cartas fazem parte do jogo?

b) Quantos jogadores estão participando?

c) Como é possível distribuir as cartas igualmente para os jogadores?

d) Quantas cartas cada jogador recebeu para começar o jogo?

VAMOS ENTENDER! !!!

1. Felipe está organizando sua coleção de pedras em 3 caixas. Antes de organizar, ele contou que já tem 12 pedrinhas na coleção.

ILUSTRA CARTOON

a) Desenhe a quantidade de pedras que Felipe vai guardar em cada caixa.

b) Complete a divisão que Felipe está fazendo:

_____ ÷ _____ = _____

2. Clara comprou 6 laranjas para dividir com seu irmão. Depois de dividir, cada um ficou com a mesma quantidade de laranjas. Com quantas laranjas cada um ficou? Complete.

_____ ÷ _____ = _____

Cada um ficou com _____ laranjas.

3. Davi vai fazer um bolo para a festa de aniversário. Para preparar 4 receitas de bolo, ele vai precisar de 16 ovos. Para fazer apenas uma receita, ele precisará de quantos ovos? Complete.

_____ ÷ _____ = _____

Para fazer uma receita de bolo, Mauro precisará de _____ ovos.

4. Os funcionários da cantina prepararam sanduíches para distribuir aos professores nos 3 períodos em que a escola funciona. Sabendo que foram produzidos 36 sanduíches e cada período recebeu a mesma quantidade, quantos sanduíches foram entregues em cada período?

_____ ÷ _____ = _____

Em cada período foram entregues _____ sanduíches.

5. Sophia foi ao sítio de seu avô buscar mangas. Ela levou 4 cestas e conseguiu pegar 20 mangas. Ela distribuiu as mangas igualmente entre as cestas. Quantas mangas ela colocou em cada cesta?

_____ ÷ _____ = _____

Em cada cesta Sophia colocou _____ mangas.

6. William pretende presentear seus 6 amigos mais próximos distribuindo entre eles 42 carrinhos. Se todos receberem a mesma quantidade de carrinhos, quantos carrinhos cada um vai ganhar?

_____ ÷ _____ = _____

Cada amigo de William ganhará _____ carrinhos.

7. João tem 10 figurinhas e vai colar metade delas em um álbum.

a) Assinale com **X** metade das figurinhas que João tem.

b) Complete: Metade de 10 figurinhas é igual a ______ figurinhas.

8. Antônia aluga fantasias para festas de aniversário. Ela tem 22 fantasias e, no último domingo, ela alugou metade delas. Quantas fantasias Antônia alugou? Complete.

______ ÷ ______ = ______

Antônia alugou ______ fantasias no domingo.

Para encontrar a metade de uma quantidade, é preciso dividir por 2. A **metade** pode ser representada por $\frac{1}{2}$, que se lê **um meio**.

9. Calcule a metade de cada quantidade a seguir.

a) $\frac{1}{2}$ de 12 = ______

b) $\frac{1}{2}$ de 16 = ______

c) $\frac{1}{2}$ de 20 = ______

d) $\frac{1}{2}$ de 24 = ______

e) $\frac{1}{2}$ de 30 = ______

f) $\frac{1}{2}$ de 50 = ______

g) $\frac{1}{2}$ de 84 = ______

h) $\frac{1}{2}$ de 100 = ______

10. A turma da professora Luciana tem 27 alunos. Toda segunda-feira, a terça parte dos alunos de Luciana participa do Clube de Matemática. Quantos alunos participam do Clube de Matemática.

______ ÷ ______ = ______

Participam do Clube de Matemática ______ alunos.

Para encontrar a terça parte de uma quantidade é preciso dividir por 3.
A **terça parte** de uma quantidade pode ser representada por $\frac{1}{3}$, que se lê **um terço**.

11. Vítor foi jantar com dois amigos em um restaurante japonês. Eles pediram um prato com 21 unidades de *sushi*, e cada um comeu um terço. Quantas unidades cada um comeu?

______ ÷ ______ = ______

Cada um comeu ______ unidades de *sushi*.

12. Calcule um terço de cada quantidade a seguir.

a) $\frac{1}{3}$ de 6 = ______

b) $\frac{1}{3}$ de 12 = ______

c) $\frac{1}{3}$ de 15 = ______

d) $\frac{1}{3}$ de 30 = ______

e) $\frac{1}{3}$ de 45 = ______

f) $\frac{1}{3}$ de 60 = ______

g) $\frac{1}{3}$ de 63 = ______

h) $\frac{1}{3}$ de 90 = ______

i) $\frac{1}{3}$ de 96 = ______

j) $\frac{1}{3}$ de 210 = ______

Quando dividimos uma quantidade por 4, encontramos a **quarta parte** ou **um quarto**. Podemos representar como $\frac{1}{4}$.

Quando dividimos uma quantidade por 5, encontramos a **quinta parte** ou **um quinto**. Podemos representar como $\frac{1}{5}$.

13. Na decoração de aniversário do Eduardo foram utilizados 20 balões. No final da festa, ele dividiu os balões entre os 4 amigos que ficaram até o final. Cada amigo recebeu um quarto da quantidade de balões. Quantos balões cada um recebeu? Calcule e complete.

$\frac{1}{4}$ de 20 = ______

______ ÷ ______ = ______

Cada amigo recebeu ______ balões.

14. Em uma escola haverá uma gincana. Foram inscritos 45 alunos e cada equipe será formada com um quinto dos alunos inscritos. Quantos alunos farão parte de cada equipe? Calcule e complete.

$\frac{1}{5}$ de 45 = ______

Em cada equipe terá ______ alunos.

15. Calcule.

a) $\frac{1}{4}$ de 16 = ______

b) $\frac{1}{4}$ de 24 = ______

c) $\frac{1}{4}$ de 32 = ______

d) $\frac{1}{4}$ de 60 = ______

e) $\frac{1}{5}$ de 15 = ______

f) $\frac{1}{5}$ de 20 = ______

g) $\frac{1}{5}$ de 50 = ______

h) $\frac{1}{5}$ de 100 = ______

A **décima parte** ou **um décimo** de uma quantidade é representada por $\frac{1}{10}$. Um décimo de uma quantidade é igual a essa quantidade dividida por 10.

16. Beatriz tem 80 livros e vai organizá-los em uma estante. Ela quer colocar um décimo deles em cada prateleira. Quantas prateleiras a estante precisa ter?

$\frac{1}{10}$ de 80 = ______

A estante precisa ter ______ prateleiras.

17. Uma escola promoverá um passeio para visitar um parque aquático e, para isso, contratará algumas *vans* para o transporte dos alunos. Ao todo, irão 110 alunos. Se cada *van* levar um décimo dos alunos, quantas *vans* devem ser contratadas?

$\frac{1}{10}$ de 110 = ______

Devem ser contratadas ______ *vans*.

18. Calcule.

a) $\frac{1}{10}$ de 20 = ______

b) $\frac{1}{10}$ de 30 = ______

c) $\frac{1}{10}$ de 40 = ______

d) $\frac{1}{10}$ de 50 = ______

e) $\frac{1}{10}$ de 70 = ______

f) $\frac{1}{10}$ de 90 = ______

19. Carolina ganhou um quebra-cabeças com 60 peças. Responda às seguintes questões.

a) Qual é a metade da quantidade de peças do quebra-cabeças?

____

b) Qual é a terça parte das 60 peças do quebra-cabeças?

____

c) Qual é a quantidade de peças que representa a quarta parte das 60 peças desse quebra-cabeças?

____

d) Quanto é a quinta parte de 60?

____

20. Observe como Giovanna calculou 36 ÷ 3.

SHUTTERSTOCK / MARIANA TIEMI

Qual é o resultado da divisão que Giovanna obteve? ______

Agora, faça como Giovanna e calcule.

a) 24 |2

d) 84 |4

b) 46 |2

e) 55 |5

c) 48 |4

f) 60 |10

Observe o cálculo de 45 ÷ 4 usando o algoritmo da divisão.

```
DU
45 |4
−4   11
      DU
05
−4
 1 ← resto
```

Nesse caso, a divisão não é exata, e temos 1 como **resto**.

21. Calcule.

a) 25 | 2

d) 67 | 3

g) 58 | 5

b) 47 | 2

e) 49 | 4

h) 106 | 5

c) 35 | 3

f) 87 | 4

i) 63 | 10

22. Marcela fará uma ação voluntária para doar 20 cestas básicas para 4 instituições de caridade.

a) Sabendo que ela dividiu em partes iguais a quantidade de cestas para cada instituição, quantas cestas cada uma receberá?

___

___

___

b) A quantidade de cestas básicas que cada instituição receberá representa que parte de 20?

___

___

23. Sara e Ícaro são irmãos e ganharam 44 gibis de presente de seus pais.

a) Sabendo que cada um ficou com a mesma quantidade de gibis, qual é o número de gibis que Sara ganhou?

____

____

b) A quantidade de gibis que Sara ganhou representa qual parte de 44?

____

____

24. Para o café da manhã, Cauã comprou 12 pães para dividir igualmente entre seus irmãos Larissa, Francisco e Helena. Quantos pães cada um vai comer?

_____ ÷ _____ = _____

Cada um vai comer _____ pães no café da manhã.

25. Na casa de Laís há 21 colchas de cama. Sabendo que ela possui 3 camas e as colchas foram separadas igualmente para cada cama, quantas colchas há para cada cama?

_____ ÷ _____ = _____

Para cada cama, Laís separou _____ colchas.

26. Na sala de aula, a professora Fernanda dividirá a turma em grupos para realizar uma atividade. Sabendo que a turma possui 30 alunos e a professora pretende ter 5 grupos com a mesma quantidade de alunos, então cada grupo será composto por quantos alunos?

_____ ÷ _____ = _____

Cada grupo será composto por _____ alunos.

27. Danilo comprou 65 chocolates e pretende fazer caixas com 5 chocolates cada uma. Sendo assim, Danilo precisará de quantas caixas?

______ ÷ ______ = ______

Danilo precisará de ________ caixas.

28. Alexandre possui um caminhão-cegonha de brinquedo, que carrega 10 carrinhos de cada vez.

Observe a imagem de um caminhão-cegonha.
É um tipo de carreta que transporta veículos.

a) Para levar 30 carrinhos com esse caminhão-cegonha de brinquedo, quantas viagens, no mínimo, serão necessárias?

____

____

____

b) A quantidade máxima de carrinhos que o caminhão leva representa qual parte de 30?

____

____

29. Em um jogo com 52 peças, Thiago foi brincar com seus 10 amigos e a quantidade de peças foi dividida igualmente.

a) Com quantas peças cada amigo de Thiago ficou?

____

____

____

b) Sobrou alguma peça? Se sim, quantas peças?

____

____

30. Letícia deseja presentear seus amigos com bombons de chocolate. Sabendo que ela comprou 43 bombons e presenteará 10 amigos, cada amigo ficou com quantos bombons?

____

____

____

DIÁRIO DE BORDO

Nessas atividades, você aprendeu que:

- uma maneira de fazer divisão é distribuir igualmente;
- para saber quanto é uma parte de uma quantidade, usa-se a divisão;
- quando existe resto, a divisão não é exata.

SEQUÊNCIA 10
NOSSO DINHEIRO

VAMOS COMEÇAR!

Observe as cédulas que Luciana tem em seu cofrinho.

SHUTTERSTOCK / EDITORIA DE ARTE

a) Quais cédulas fazem parte do Sistema Monetário Brasileiro atual?

b) De que maneira você identificou essas cédulas?

VAMOS ENTENDER!

1. Fernanda possui estas cédulas de real.

CASA DA MOEDA

SHUTTERSTOCK

a) Quanto Fernanda possui na carteira, em reais?

___

___

b) É possível Fernanda trocar o valor que tem na carteira por uma única cédula? Por qual?

___

2. Miguel ganhou as seguintes cédulas de presente em seu aniversário.

SHUTTERSTOCK

a) Quanto dinheiro Miguel ganhou?

___

b) Miguel pode trocar esse valor por uma única cédula? Por quê?

3. Daniel foi ao supermercado com a seguinte quantia.

SHUTTERSTOCK

a) Com quantos reais Daniel foi ao supermercado?

____

b) Se a compra que ele fez foi de 83 reais, quanto Daniel recebeu de troco?

____

4. Sérgio foi à feira comprar frutas e verduras e gastou 35 reais. Ele levou as cédulas a seguir e, ao fazer o pagamento, não recebeu troco. Que cédulas ele deve ter utilizado para fazer o pagamento? Circule.

SHUTTERSTOCK

5. Lúcia e sua mãe vão até o centro da cidade utilizando um ônibus municipal. A mãe de Lúcia tem uma cédula de 100 reais, mas para pagar as passagens precisa de cédulas de valor menor.

a) Como Lúcia e sua mãe podem resolver o problema?

____

____

____

b) Se cada passagem de ônibus custar 4 reais e a mãe de Lúcia fizer o pagamento com uma cédula de 20 reais, quanto receberá de troco?

____

____

____

6. Toda segunda-feira, dona Celeste vai até o caixa eletrônico e saca 120 reais para as despesas da semana. Nesta semana, dona Celeste sacou 150 reais, pois também queria comprar um livro que custava 38 reais.

a) Quanto dona Celeste costuma sacar toda semana?

____

b) Quanto dona Celeste sacou nesta semana?

____

c) Quanto a mais dona Celeste sacou esta semana?

____

d) Com quantos reais dona Celeste ficou nesta semana após comprar o livro?

____

7. Isaque comprou uma bola que custou 75 reais. Sabendo que ele pagou com uma cédula de 100 reais, qual foi o troco que Isaque recebeu?

8. Enzo tem 50 reais para almoçar no restaurante do clube. Observe no cardápio as opções de almoço.

FILÉ DE FRANGO COM LEGUMES, ARROZ E FEIJÃO .... 30 REAIS

BIFE COM FRITAS, ARROZ E FEIJÃO .... 35 REAIS

SALADA DE MACARRÃO INTEGRAL, COM PALMITO E TOMATE .... 25 REAIS

SALADA DE FRUTAS .... 10 REAIS

ÁGUA .... 5 REAIS

SHUTTERSTOCK / MARIANA TIEMI

Imagine que você está no lugar de Enzo e responda.

a) Quais escolhas para o almoço você faria?

b) Quanto você gastaria para almoçar?

c) Quanto você receberia de troco?

9. Júlia recebeu 100 reais de sua avó para comprar um presente de aniversário para sua amiga. Ela acha que a amiga vai gostar de uma boneca que custa 68 reais e de um livro que custa 25 reais.

a) Qual presente você compraria no lugar de Júlia?

____

b) Quanto você iria gastar nessa compra?

____

c) Quanto receberia de troco?

____

DIÁRIO DE BORDO

Nessas atividades, você aprendeu que:

- é possível compor o mesmo valor em real utilizando cédulas diferentes;
- para calcular o troco em situações de compra, é possível utilizar subtração.

SEQUÊNCIA 11

MEDIDAS DE TEMPO

VAMOS COMEÇAR!

Observe a conversa entre Júlia e Tiago.

a) Quem treinou por mais tempo?

b) Quantos minutos têm em 1 hora?

c) Quantos minutos têm em 2 horas?

d) Quantos dias tem em uma semana?

e) Se Júlia conseguir treinar 2 horas todos os dias essa semana, quantas horas ela vai treinar no total?

VAMOS ENTENDER!

1. Observe o relógio a seguir.

SHUTTERSTOCK

a) Nesse relógio, qual é a função do ponteiro preto mais curto?

____

b) Qual é a função do ponteiro preto mais longo?

____

c) Qual é a função do ponteiro mais fino?

____

d) Qual é o horário indicado nesse relógio? Complete.

____

2. Qual é a hora indicada em cada relógio?

SHUTTERSTOCK

_____ horas, _____ minutos   _____ horas, _____ minutos

SHUTTERSTOCK

_____ horas, _____ minutos

3. Registre no relógio de ponteiros o mesmo horário que está registrado no relógio digital.

SHUTTERSTOCK / EDITORIA DE ARTE

4. Qual é a hora indicada em cada relógio?

SHUTTERSTOCK / EDITORIA DE ARTE

_____ horas, _____ minutos

_____ horas, _____ minutos

SHUTTERSTOCK / EDITORIA DE ARTE

_____ horas, _____ minutos

_____ horas, _____ minutos

5. Ana estuda no período da tarde e foi conferir seu relógio com o da escola assim que chegou.
Assinale qual dos relógios a seguir marca o mesmo horário que o de Ana.

SHUTTERSTOCK / MARIANA TIEMI

SHUTTERSTOCK

6. Circule as unidades de medida de tempo.

Horas Litros Minutos

Quilômetros Quilogramas Metros

Gramas Centímetros Segundos

7. Em cada caso, complete a frase com a unidade de medida mais adequada.

a) Lúcia fez uma viagem de São Paulo até o Rio de Janeiro de avião. A viagem de Lúcia durou 2 __________.

b) A hora do lanche na escola de Luan dura 30 __________ .

c) Quando estou com sono, cada piscada de olhos leva quase 1 __________ .

d) Para almoçar, precisamos de pelo menos 40 __________ .

8. Após um dia produtivo, Keli foi dormir às 10 horas da noite. Quando ela acordou, na manhã seguinte, olhou para seu relógio e viu o seguinte horário:

SHUTTERSTOCK / EDITORIA DE ARTE

Quanto tempo de sono Keli teve nessa noite? ______________

9. Francisco entra na escola sempre no mesmo horário. Ele vai para casa apenas após o encontro do Clube de Matemática. Observe nos relógios que horas ele chega e sai da escola.

SHUTTERSTOCK / EDITORIA DE ARTE

Quanto tempo Francisco fica na escola?

____

____

____

10. Complete as relações entre as medidas de tempo.

a) 60 minutos = ______ hora

b) 120 minutos = ______ horas

c) 90 minutos = ______ hora e ______ minutos

d) 60 segundos = ______ minuto

e) 150 segundos = ______ minutos e ______ segundos

f) 240 segundos = ______ minutos

11. Joaquim marcou com seus amigos para ir ao cinema. O filme começa às 4 horas e ele está preocupado em não se atrasar. Observe que horas ele saiu de casa.
Quanto tempo ele tem para chegar até o cinema sem se atrasar para o começo do filme?

SHUTTERSTOCK

Resposta: Joaquim tem _______ minutos para chegar ao cinema.

12. Sílvia inicia sua jornada de trabalho às 7 horas da manhã, em ponto, e o fim do seu expediente é à tarde, às 4 horas e 40 minutos. Quanto tempo Sílvia passa no seu ambiente de trabalho?

Resposta: Silvia trabalha por _______ horas e _______ minutos.

13. Lucas mora em Fortaleza e viajou a passeio para São Paulo. Sabendo que o dia tem 24 horas e Lucas ficou 3 dias completos em São Paulo, quantas horas ele ficou nessa cidade?

Resposta: Lucas ficou em São Paulo _______ horas.

14. José começou a assistir a um filme às 17 horas e 30 minutos. Às 19 horas e 45 minutos o filme terminou. Qual foi a duração do filme?

Resposta: A duração do filme foi de _______ horas e _______ minutos.

15. Observe o convite que Miguel enviou aos colegas, convidando-os para seu aniversário.

> Você está convidado para o meu aniversário no dia 10 de dezembro. Não falte! Estarei te esperando.
> Horário: 14:30 às 18:00.
>
> 
>
> SHUTTERSTOCK

a) Indique nos relógios em que horário a festa de Miguel vai começar e terminar.

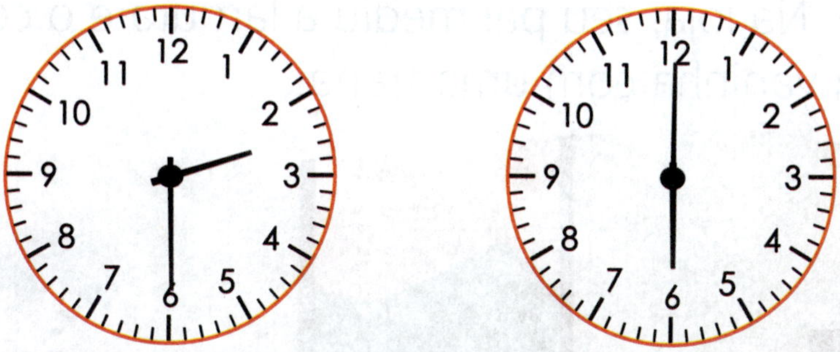

SHUTTERSTOCK

b) Quanto tempo vai durar a festa de Miguel?

____

c) As chaves do salão de festas devem ser devolvidas 2 horas após o término da festa. Que horas os pais de Miguel precisam entregar as chaves? ______________________

DIÁRIO DE BORDO

Nessas atividades, você aprendeu que:

- 60 segundos correspondem a 1 minuto;
- 60 minutos correspondem a 1 hora;
- o dia tem 24 horas.

SEQUÊNCIA 12

MEDIDAS DE COMPRIMENTO

VAMOS COMEÇAR!

Beto foi com seu pai comprar uma escrivaninha para seu quarto. Na loja, seu pai mediu a largura e o comprimento da escrivaninha com uma trena.

ILUSTRACARTOON

a) Que instrumento o pai de Beto usou para medir a escrivaninha?

b) Ele poderia ter utilizado uma régua para fazer essas medidas?

c) Se não tivesse nenhum instrumento de medida padronizado na loja, como eles poderiam medir o comprimento da escrivaninha?

VAMOS ENTENDER!

1. A imagem ilustra a medida do comprimento de um lápis.

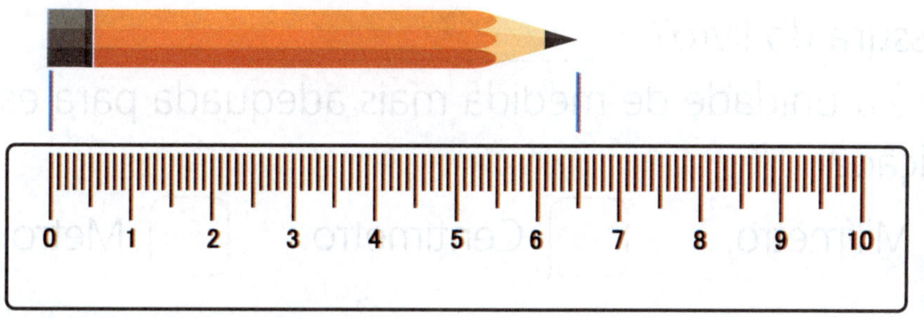

SHUTTERSTOCK / EDITORIA DE ARTE

a) Qual é o comprimento desse lápis?

________ milímetros.

________ centímetros.

b) Qual foi o instrumento de medida utilizado para medir o comprimento do lápis?

____

c) Assinale a unidade de medida mais adequada para indicar o comprimento do lápis.

☐ Milímetro.

☐ Centímetro.

☐ Metro.

2. Agora, usando uma régua, meça a diâmetro de seu lápis.

a) Registre aqui a medida: ________________

b) Ela é maior ou menor que 1 centímetro? ______________

c) Qual é a unidade de medida mais adequada para indicar a espessura do lápis? ____________________

3. Agora, meça a largura de seu livro.

a) Registre aqui a medida: ______________

b) Ela é maior ou menor que 1 metro? ______________

c) Qual é a unidade de medida mais adequada para indicar a espessura do livro? ______________

d) Qual é a unidade de medida mais adequada para essa medição?

☐ Milímetro. ☐ Centímetro. ☐ Metro.

4. Qual é sua altura?

a) Você acha que sua altura é maior ou menor que 1 metro?

____

b) Assinale a unidade de medida mais adequada para indicar a altura de uma pessoa.

☐ Régua. ☐ Fita métrica. ☐ Palmo.

c) Escolha um instrumento de medida e meça sua altura. Registre aqui: ______________

5. Peça ajuda de um adulto para comparar alturas.

a) Qual é o nome da pessoa que vai participar da atividade?

____

b) Sem medir, responda: Você acha que a altura dessa pessoa é maior ou menor que 1 metro? ______________

c) Escolha um instrumento de medida e meça a altura da pessoa. Registre aqui: ______________

d) Você acertou a estimativa que fez no item b? ______________

e) A pessoa é mais alta ou mais baixa que você? Quanto a mais?

____

6. Laura mediu a largura da porta do quarto e obteve como medida 4 palmos.

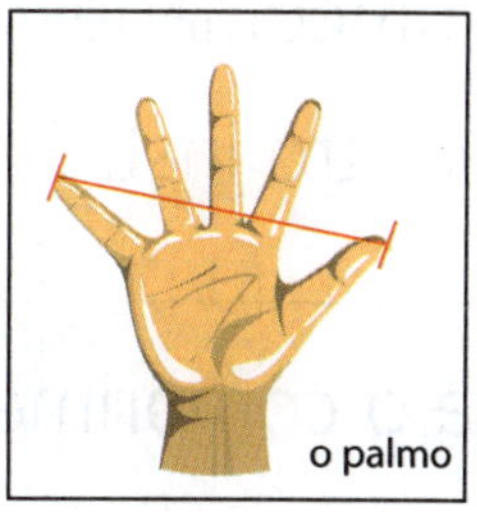

SHUTTERSTOCK / MARIANA TIEMI

a) Meça a largura da porta de seu quarto em palmos. Registre: ____________________

b) Agora, meça a largura da porta de seu quarto em pés. Registre: ____________________

c) As medidas são iguais? Por quê?

____

____

d) Utilizando uma régua, meça o comprimento de seu palmo e de seu pé:

- comprimento do palmo: ________________
- comprimento do pé: ________________

e) Que unidade de medida você achou mais adequada para medir a largura da porta, o palmo ou o pé? Por quê?

____

____

7. Miguel vai medir o comprimento de seu quarto usando uma régua.

a) Que dificuldades ele vai encontrar para realizar essa medida?

b) Que outro instrumento de medida Miguel pode usar?

___

c) Meça o comprimento de seu quarto. Registre aqui:

___

O milímetro, o centímetro e o metro são unidades de medida de **comprimento**:

- 10 milímetros correspondem a 1 centímetro.
- 100 centímetros correspondem a 1 metro.

8. Complete.

a) 1 metro é igual a ______ centímetros.

b) 50 centímetros é igual a ________ metro.

c) 1 centímetro é igual a ______ milímetros.

d) 5 milímetros é igual a ________ centímetros.

DIÁRIO DE BORDO

Nessas atividades, você aprendeu que:

- para medir, é preciso comparar o comprimento do objeto (que se quer medir) com um instrumento de medida;
- é possível medir usando instrumentos de medida padronizados e não padronizados.

SEQUÊNCIA 13

MEDIDAS DE ÁREA

VAMOS COMEÇAR!

Samuel e Marlene trabalham juntos, aplicando revestimentos em paredes. Observe como está o andamento do trabalho que estão fazendo.

ILUSTRACARTOON

a) Quem aplicou mais azulejos?

b) Quem vai terminar primeiro a tarefa?

VAMOS ENTENDER!

1. Alexandre e Sophia estudam em salas de aula diferentes em uma mesma escola. Eles querem saber qual sala de aula é maior. Para isso, resolveram cobrir o piso de cada sala de aula usando folhas de jornal abertas.

ILUSTRACARTOON

a) A medição que estão fazendo considera qual grandeza?

☐ Comprimento. ☐ Área.

☐ Massa. ☐ Volume.

b) As folhas que Alexandre e Sophia vão usar podem ter tamanhos diferentes? Explique.

____

c) Foram necessárias 40 folhas para recobrir o piso da sala de Alexandre. Já na sala de Sophia, foram necessárias 50 folhas. Qual sala é maior?

____

____

2. Com uma folha de papel sulfite, meça a área das seguintes superfícies:

a) de sua carteira: ________________

b) da mesa da professora: ____________________

3. Observe a figura na malha quadriculada e desenhe outra que tenha a mesma área.

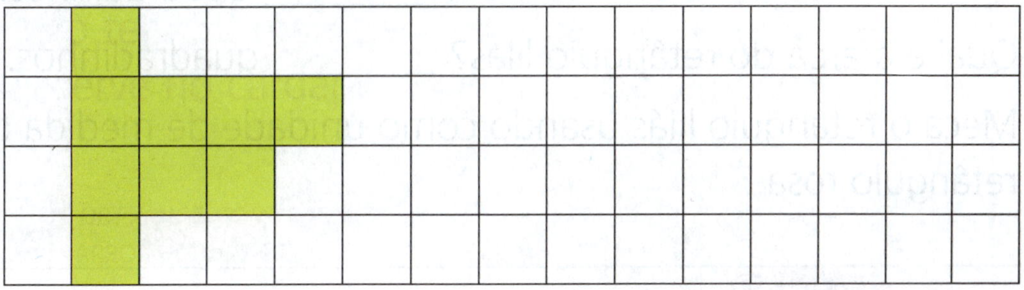

MARIANA TIEMI

4. Observe a figura A.

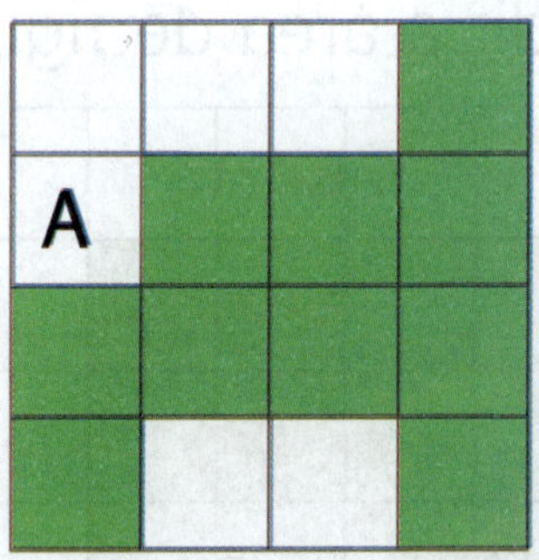

MARIANA TIEMI

a) Quantos quadradinhos mede a área da figura A? ___________

b) Assinale com X as figuras com a mesma área da figura A.

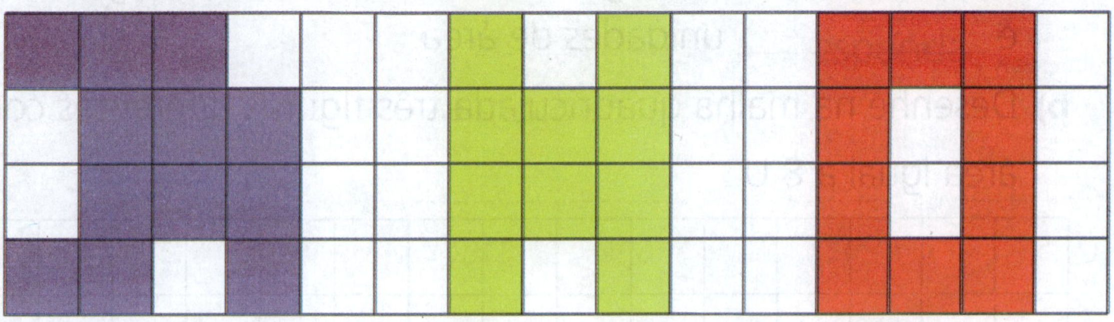

B C D

MARIANA TIEMI

c) Qual dessas figuras tem a maior área? Quantos quadradinhos ela mede? ____________________________________

5. Observe as figuras na malha.

MARIANA TIEMI

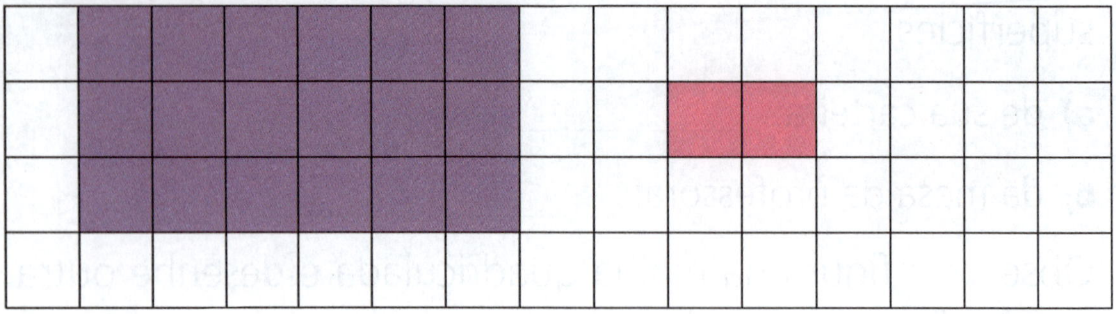

a) Qual é a área do retângulo rosa? ________ quadradinhos.

b) Qual é a área do retângulo lilás? ________ quadradinhos.

c) Meça o retângulo lilás usando como unidade de medida o retângulo rosa.

____

6. O quadrado rosa mede 1 unidade de área (1 U). Ele pode ser utilizado para medir a área de figuras planas.

MARIANA TIEMI

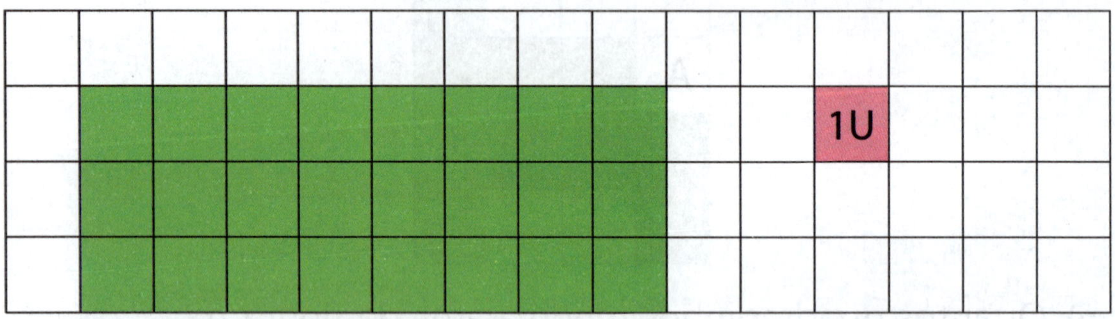

a) Qual é a área do retângulo verde? A área do retângulo verde é ____________ unidades de área.

b) Desenhe na malha quadriculada três figuras diferentes com área igual a 8 U.

7. Observe as figuras a seguir. Circule a que tem a maior área.

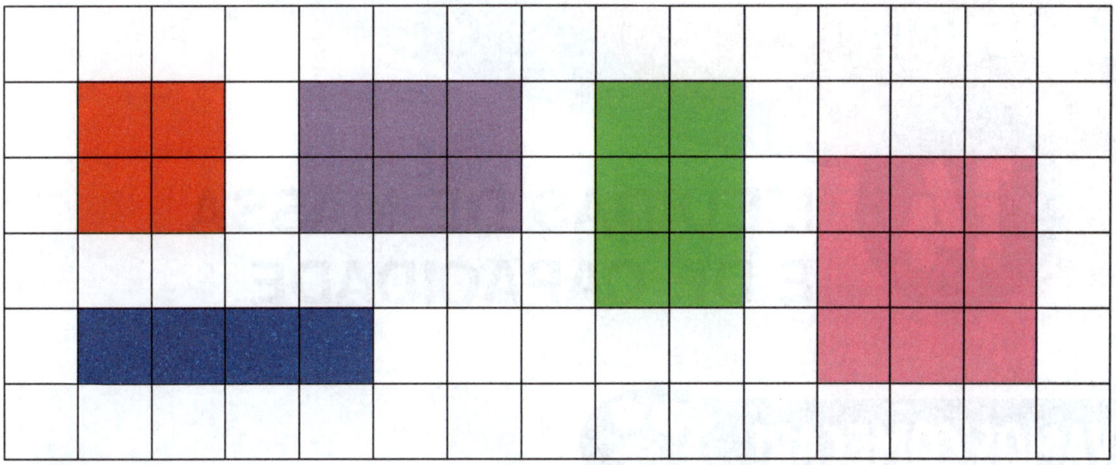

MARIANA TIEMI

8. Observe as figuras a seguir. Assinale com **X** a figura que tem área diferente das demais.

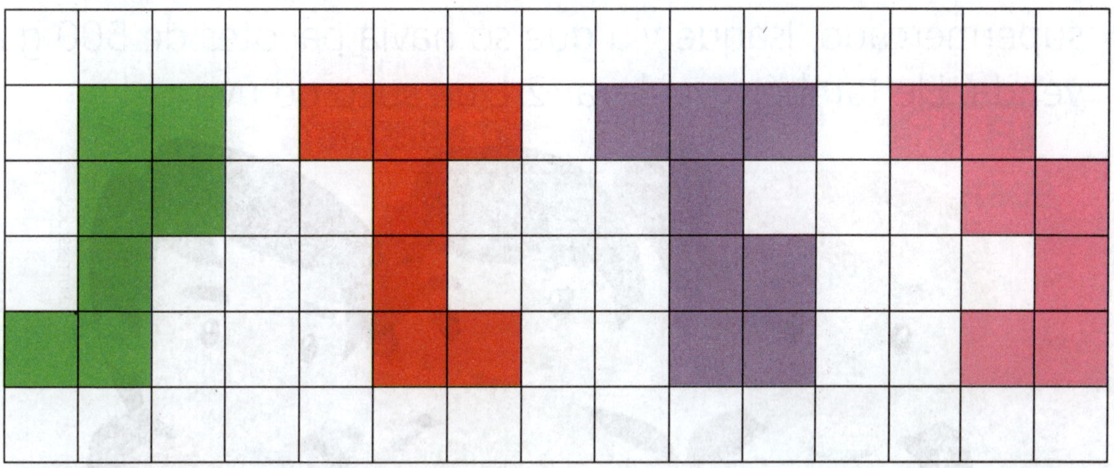

MARIANA TIEMI

DIÁRIO DE BORDO

Nessas atividades, você aprendeu que:

- **área** é uma medida de **superfície**;
- para comparar áreas, é importante escolher um instrumento de medida padrão.

SEQUÊNCIA 14

MEDIDAS DE MASSA E DE CAPACIDADE

VAMOS COMEÇAR!

Isaque quer comprar 2 kg de milho para fazer pipoca para os amigos que vão visitá-lo no fim de semana. No supermercado, Isaque viu que só havia pacotes de 500 g à venda. Ele também vai levar 2 L de suco de uva.

SHUTTERSTOCK

a) Cada pacote de pipoca à venda pesa mais ou menos que a quantidade que Isaque quer comprar?

b) Quantos pacotes de milho Isaque precisa comprar para ter o mesmo peso que quer?

c) Isaque pegou 2 garrafas de suco de uva. Se a quantidade total de suco é a mesma que ele queria comprar, quanto de suco deve caber em cada garrafa?

VAMOS ENTENDER!

1. Circule o que tem maior massa.

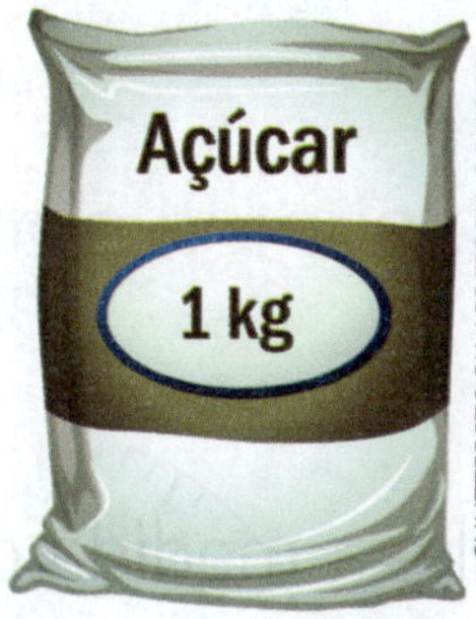

SHUTTERSTOCK / EDITORIA DE ARTE

2. Qual é a unidade de medida mais adequada em cada caso?

a) Luciana comprou 300 ____________________ de queijo fatiado para o lanche da tarde.

b) Pedro não consegue mais carregar seu cachorro no colo durante muito tempo. Ele já está pesando 8 ______________ .

3. Assinale o instrumento de medida que pode ser utilizado para medir a massa de objetos.

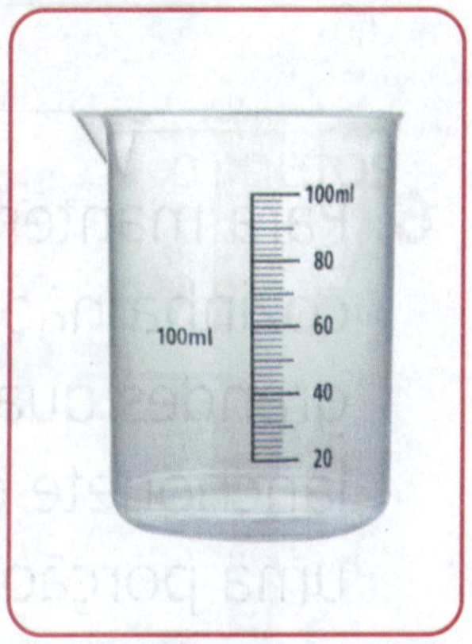

SHUTTERSTOCK

( ) ( ) ( ) ( )

4. Maria foi à farmácia para medir sua massa corporal.

SHUTTERSTOCK / EDITORIA DE ARTE

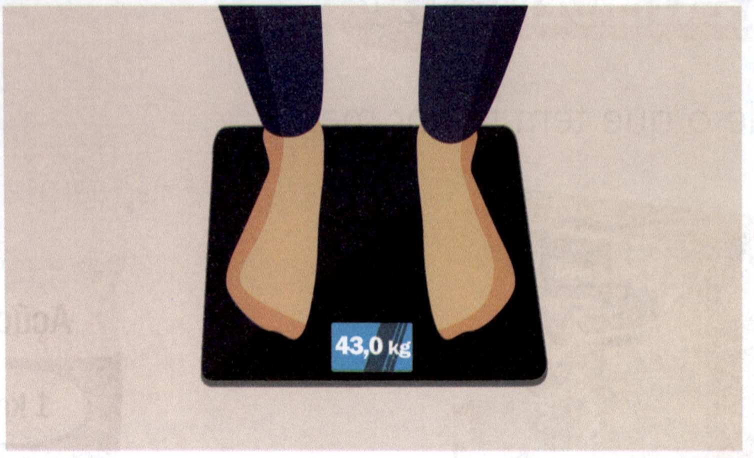

a) Qual é a medida da massa de Maria?

____

b) Qual foi a unidade de medida utilizada?

____

5. Pesquise alimentos ou objetos que possam ser medidos em:

a) gramas:

____

____

b) quilogramas:

____

____

6. Para manter uma boa saúde, o sal de cozinha não deve ser consumido em grandes quantidades. Pensando nisso, a lanchonete de Joana oferece aos clientes uma porção de sal em sachês pequenos, com 1 grama. Qual das medidas a seguir corresponde à massa de meio sachê de sal?

SHUTTERSTOCK / EDITORIA DE ARTE

- [ ] 2 gramas
- [ ] 500 miligramas
- [ ] 5 kg

Grama e quilograma são unidades de medida de massa:

- **1 quilograma** (1 kg) corresponde a **1000 gramas** (1000 g).
- **1 grama** (1 g) corresponde a **1000 miligramas** (1000 mg).

7. O que é mais pesado?

a) 200 g de feijão ou 2 kg de batata? ____________________

b) 2 g de sal ou 800 mg de açúcar? ____________________

c) 1 kg de arroz ou 1 500 g de carne? ____________________

d) 500 g de macarrão ou $\frac{1}{2}$ kg de farofa? ____________________

8. Clara, pensando em receber seus amigos para sua festa de aniversário, preparou 1 kg de brigadeiro. Se cada brigadeiro pesa 20 g, quantos brigadeiros ela preparou?

____

9. Complete:

a) $\frac{1}{2}$ quilograma = ____________________ gramas.

b) $\frac{1}{4}$ quilograma = ____________________ gramas.

c) 500 miligramas = ____________________ gramas.

d) $\frac{1}{4}$ grama = ____________________ miligramas.

10. Marina percebeu que a garrafa de água de sua casa é o equivalente a 5 copos de água cheios. De quantos copos Marina precisará para preencher o conteúdo de 3 garrafas?

SHUTTERSTOCK / MARIANA TIEMI

Resposta: ______________________________

11. Observe como Pedro e Luana encheram as jarras.

SHUTTERSTOCK / MARIANA TIEMI

a) Luana e Pedro usaram a mesma unidade de medida?

____

b) Sabendo que com 2 xícaras pode-se encher 1 copo, é possível dizer se as jarras têm a mesma capacidade ou não? Explique.

Resposta: ______________________________

12. Para aplicar certo tipo de vacina, são utilizadas seringas pequenas.
Assinale a opção que indica a possível medida de capacidade das seringas usadas em vacinas.

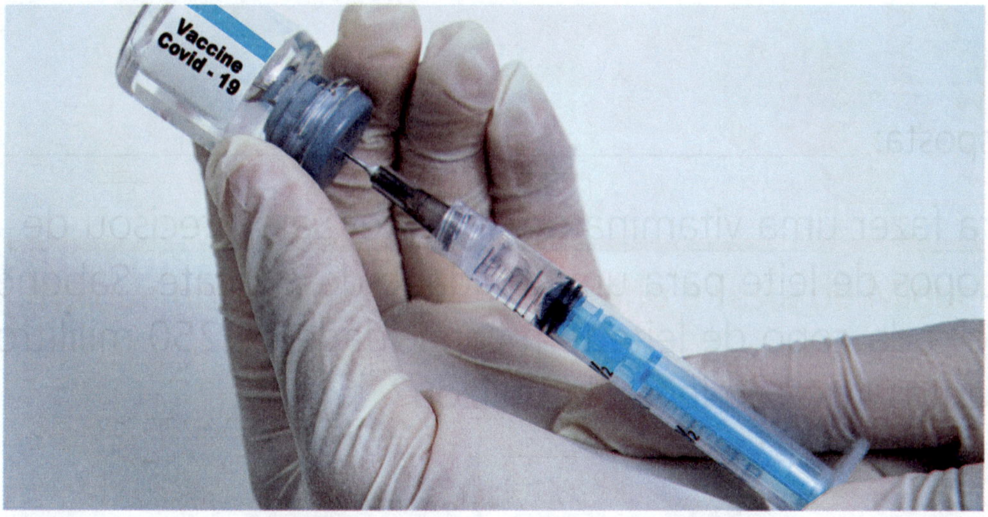

SHUTTERSTOCK

☐ 2 ºC ☐ 3 m ☐ 1 L ☐ 2 mL

13. Sofia ganhou de sua mãe um aquário com capacidade para 25 litros de água. Para enchê-lo, ela vai usar um garrafão com capacidade de 5 litros. Quantos garrafões serão necessários para encher o aquário?

Resposta: ___________________________________

14. Pedro tem um garrafão no qual leva chá gelado para vender na praia. No garrafão cabem o mesmo que em 10 copos de 200 mililitros de chá. Qual é a capacidade do garrafão, em litros?

Resposta: ___________________________________

15. Felipe preparou 6 litros de suco de laranja para seus convidados e vai servi-lo em copos com capacidade de 250 mL cada. Quantos copos Felipe pode encher com o suco que preparou?

Resposta: ______________________________

16. Para fazer uma vitamina de abacate, Sara precisou de 4 copos de leite para uma unidade de abacate. Sabendo que cada copo de leite tem capacidade de 250 mililitros, quantos litros de leite ela utilizou?

Resposta: ______________________________

17. Complete:

a) $\frac{1}{2}$ L = __________ mL

b) $\frac{1}{4}$ L = __________ mL

c) 200 mL = __________ L

d) 2 000 mL = __________ L

DIÁRIO DE BORDO

Nessas atividades, você aprendeu que:

- 1 000 mg equivalem a 1 g e 1 000 g equivalem a 1 kg;
- 1 000 mL equivalem a 1 L.

SEQUÊNCIA 15

NOÇÕES DE ESTATÍSTICA

VAMOS COMEÇAR!

Veja o quadro de medalhas de 4 nações que participaram das Olímpiadas de 2020 no Japão.

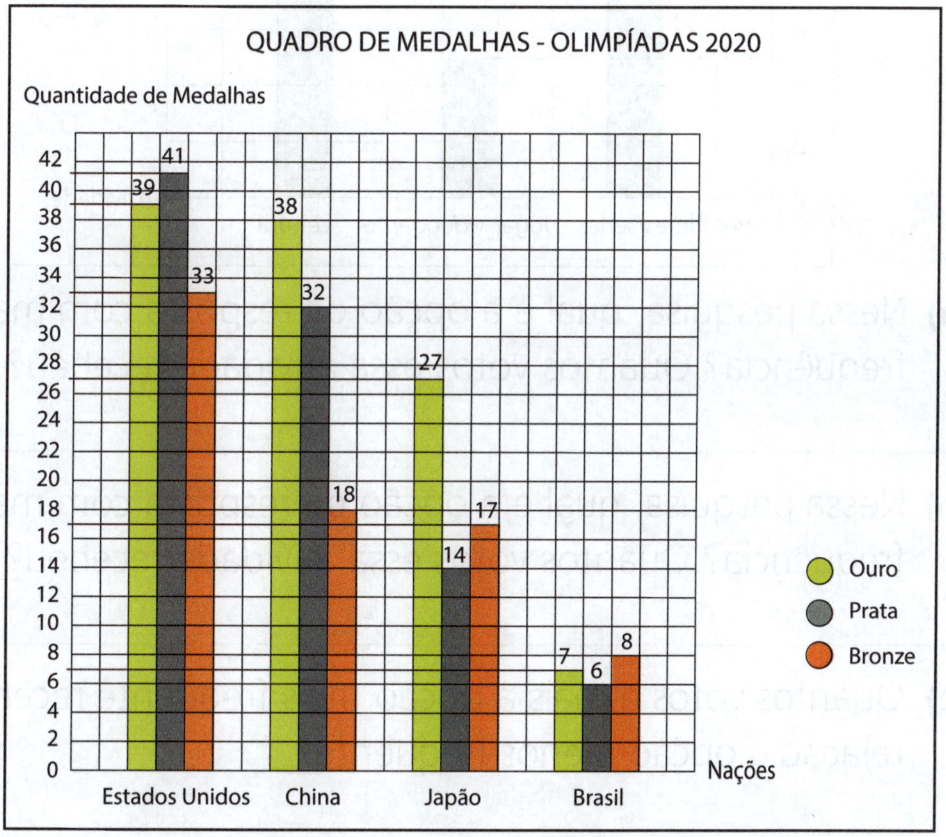

a) Qual nação alcançou o maior número de medalhas de ouro?

b) E quais conseguiram mais medalhas de bronze que de prata?

c) Qual nação conseguiu mais medalhas de prata que de ouro?

d) Quantas medalhas, no total, o Brasil conseguiu?

VAMOS ENTENDER!

1. Nicole fez uma pesquisa entre seus familiares para saber a atividade de lazer favorita deles. Depois, ela montou um gráfico de colunas com os dados que obteve. Observe.

MARIANA TIEMI

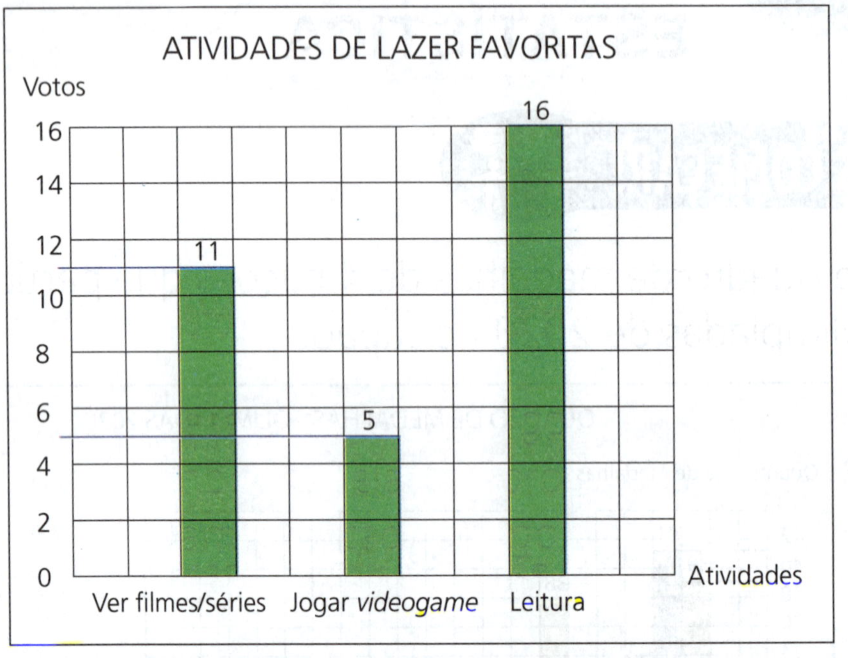

a) Nessa pesquisa, qual é a opção de resposta com maior frequência? Quantos votos essa atividade recebeu?

____

b) Nessa pesquisa, qual é a opção de resposta com menor frequência? Quantos votos essa atividade recebeu?

____

c) Quantos votos a mais a opção mais frequente recebeu em relação à opção menos frequente?

____

Em uma pesquisa, a opção que recebe mais votos é a que tem **maior frequência**. A opção com menos votos é a que tem **menor frequência**.

2. Uma sorveteria vai fazer uma promoção e, antes, precisa saber qual é o sabor preferido de seus clientes. Durante uma semana, os clientes votaram em uma de 4 opções. Observe no quadro o resultado da pesquisa.

Sabor	Número de votos
Chocolate	45
Baunilha	35
Morango	40
Limão	30

a) Qual das opções foi votada com maior frequência?

____

b) Qual das opções foi votada com menor frequência?

____

c) Complete o gráfico de colunas com os dados apresentados no quadro acima.

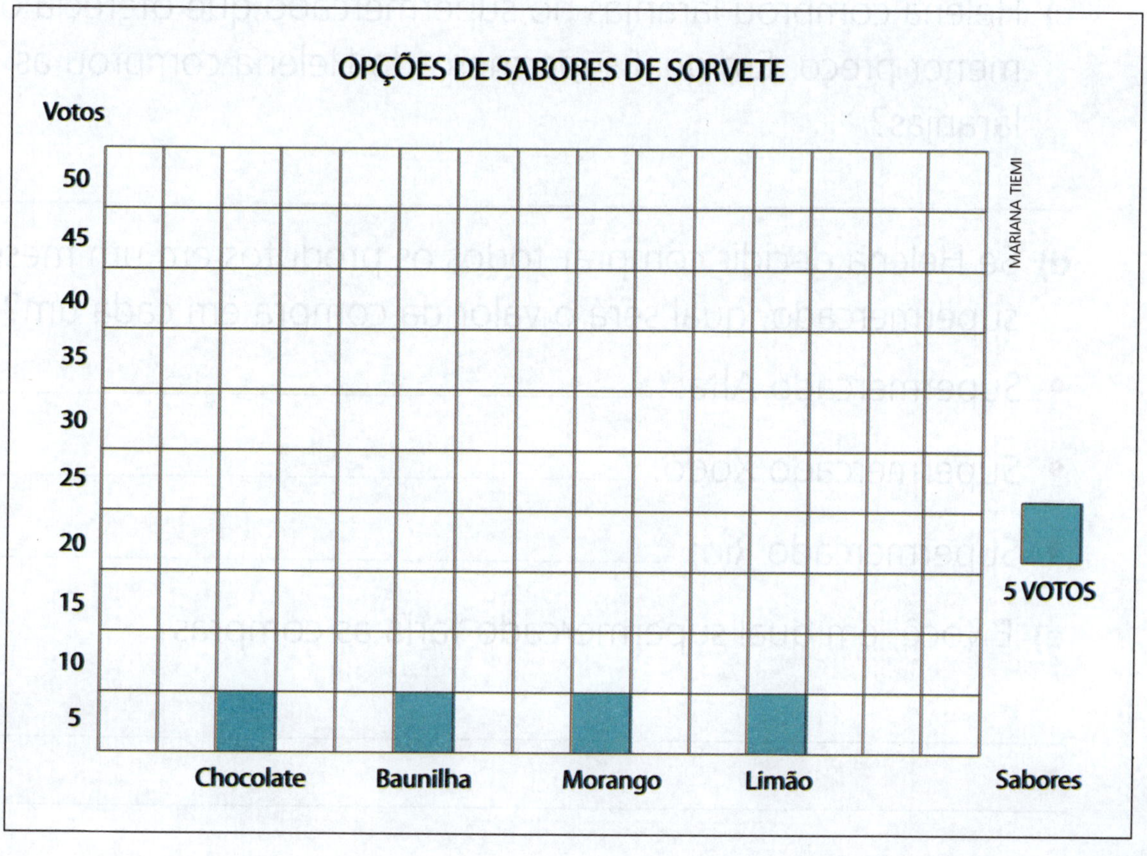

3. Helena pesquisou os preços de alguns produtos em 3 supermercados próximos de sua casa. Veja no quadro o resultado de sua pesquisa.

	Supermercado Alfa	Supermercado Rio	Supermercado Xodó
Batata palha	4 reais	5 reais	3 reais
Amendoim	4 reais	6 reais	3 reais
Dúzia de laranjas	7 reais	9 reais	10 reais

a) Em qual supermercado a batata palha é vendida pelo menor preço?

____

b) Em qual supermercado o amendoim é vendido pelo maior preço?

____

c) Helena comprou laranjas no supermercado que oferecia o menor preço. Em qual supermercado Helena comprou as laranjas?

____

d) Se Helena decidir comprar todos os produtos em um mesmo supermercado, qual será o valor da compra em cada um?

- Supermercado Alfa: ______________________________
- Supermercado Xodó: ______________________________
- Supermercado Rio: ______________________________

e) E você, em qual supermercado faria as compras?

____

____

4. Na sala de aula de Lucas, a professora fez um gráfico de barras apresentando a quantidade de meninos e de meninas de cada turma do 3° ano da escola.

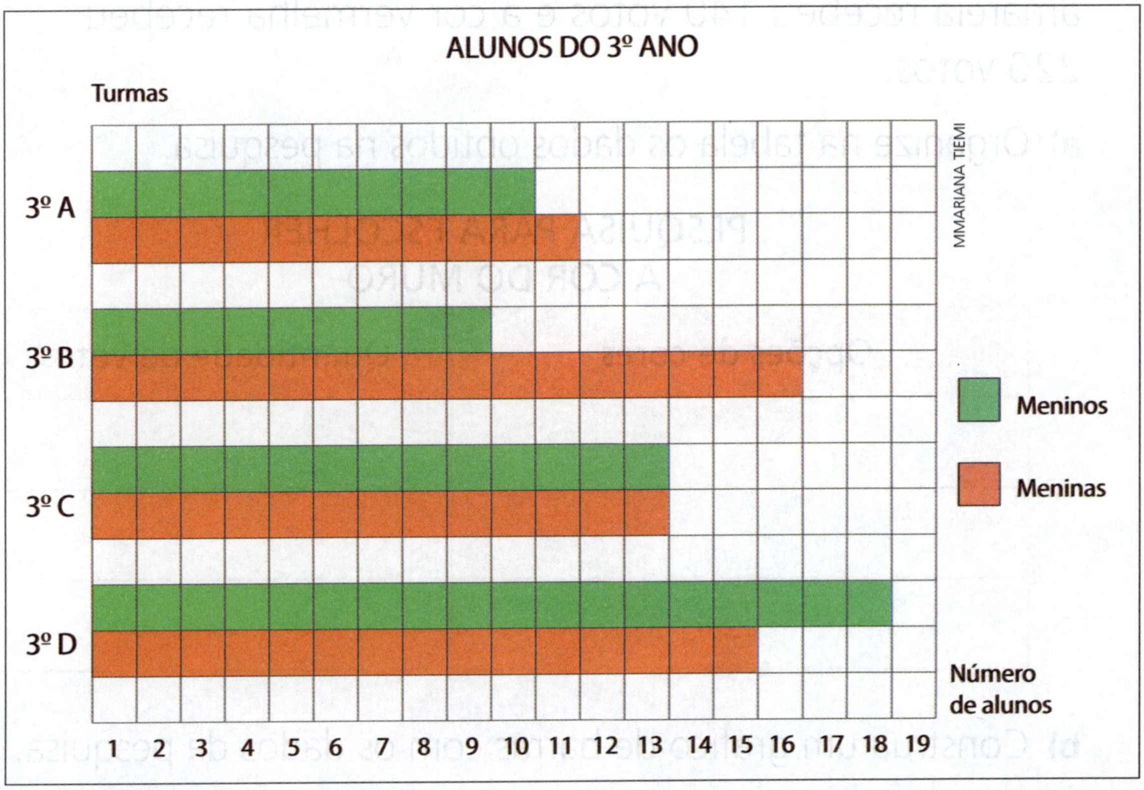

a) Qual das turmas tem o maior número de meninos que de meninas?

____

b) Qual é a turma que tem o mesmo número de meninos e de meninas?

____

c) Complete o quadro com os dados do gráfico da professora de Lucas.

	3° ano A	3° ano B	3° ano C	3° ano D
Meninos				
Meninas				

5. Os alunos vão participar da pintura do muro da escola. Para escolher a cor do muro, foi feita uma pesquisa com 3 opções de cores. A cor azul recebeu 260 votos, a cor amarela recebeu 140 votos e a cor vermelha recebeu 220 votos.

a) Organize na tabela os dados obtidos na pesquisa.

PESQUISA PARA ESCOLHER A COR DO MURO

Opções de cores	Quantidade de votos

b) Construa um gráfico de barras com os dados da pesquisa.

TÍTULO: ______________________________

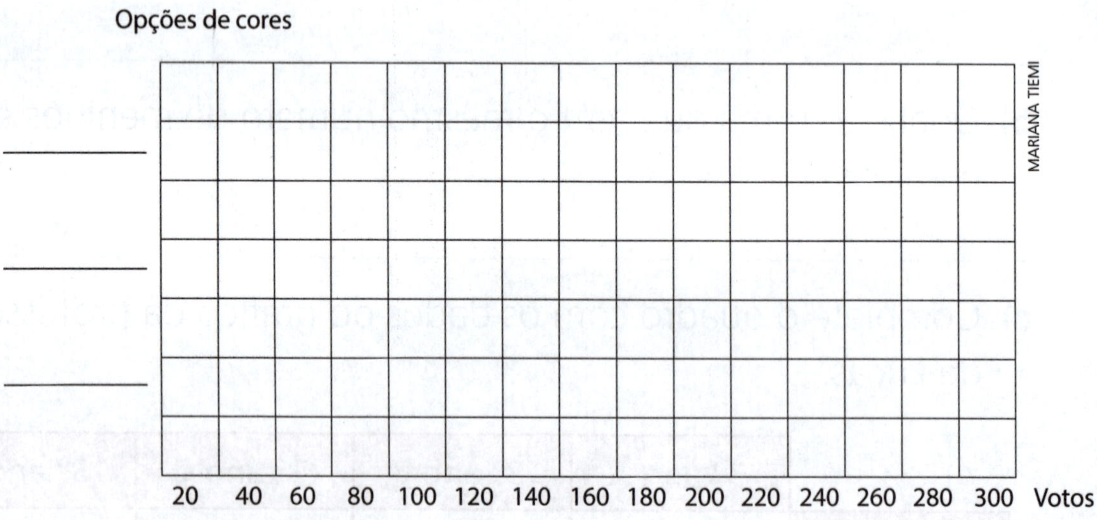

c) Qual das opções de cores teve maior frequência?

____

6. Imagine que você e seus colegas vão escolher uma cor para pintar a escola. Defina 3 opções de cores e faça uma pesquisa.

a) Anote o resultado da pesquisa como preferir.

____

b) Construa um gráfico de barras ou de colunas representando o resultado de sua pesquisa.

c) Que cor você escolheria? ______________________

DIÁRIO DE BORDO

Nessas atividades, você aprendeu que:

- informações podem ser organizadas em tabelas e gráficos;
- em uma pesquisa, a opção com maior **frequência** é aquela que recebe mais votos.

SEQUÊNCIA

16 NOÇÕES DE PROBABILIDADE

VAMOS COMEÇAR!

Pedro e Juliana estão brincando de jogar dados.

ILUSTRA CARTOON

a) Você sabe quais números estão presentes nas faces de um dado?

b) Quais pontos a mais Pedro pode conseguir jogando o dado?

c) É mais provável que ele consiga 1 ponto ou 6 pontos?

VAMOS ENTENDER! !!!

1. Em uma partida de futebol, para definir quem vai começar com a bola, os capitães dos times em campo jogam "Cara ou Coroa". Uma moeda é jogada para cima, e os jogadores precisam escolher qual lado da moeda cairá para cima.

SHUTTERSTOCK / MARIANA TIEMI

a) Quantas opções os jogadores têm para escolher?

____

b) Qual das opções tem maior chance de sair?

____

2. Para escolher quem vai ajudar a recolher os cadernos, a professora de Lúcia coloca em um saco 5 bolinhas brancas e 1 bolinha preta. Quem tirar, sem olhar, a bolinha preta será o escolhido. Complete as frases:

a) São ________ bolinhas brancas de um total de ________ bolinhas. A maior chance é a de tirar a bolinha ____________.

b) Há apenas ________ bolinha preta em um total de ________ bolinhas. A menor chance é a de tirar a bolinha ____________.

3. Observe a quantidade de balões que o vendedor ainda tem para vender.

SHUTTERSTOCK / EDITORIA DE ARTE

a) Qual é a quantidade total de balões que o vendedor tem para vender?

____

b) São quantos balões de cada cor?

Azuis: ______

Amarelos: ______

Vermelhos: ______

Roxos: ______

c) Se escolher um balão ao acaso, a maior chance é de vir um balão de que cor?

____

4. Na fruteira da casa de Miguel há 5 goiabas, 7 abacaxis, 4 abacates e 3 maçãs. Ele não sabe que fruta escolher para comer e decidiu pegar uma sem olhar.

a) Quantas frutas há na fruteira, no total? ______________

b) Qual é a chance de ele pegar cada uma das frutas?

- A chance de pegar uma goiaba é de ______ em ______ .
- A chance de pegar um abacaxi é de ______ em ______ .
- A chance de pegar um abacate é de ______ em ______ .
- A chance de pegar uma maçã é de ______ em ______ .

c) Que fruta tem a menor chance de ser escolhida? ______________

5. Em uma sala de aula há 18 meninas e 12 meninos. A professora vai escolher um aluno para ajudar a recolher os cadernos sorteando aleatoriamente.

a) Complete: Há ________ meninas e ________ meninos de um total de ________ crianças.

b) Qual é a chance de a professora sortear uma menina?

- A chance é de ________ em 30.

c) Qual é a chance de a criança escolhida ser um menino?

- A chance é de ________ em 30.

6. Mariana tem 6 camisetas verdes, 4 camisetas listradas, 3 regatas brancas e 5 camisetas estampadas.

SHUTTERSTOCK / MARIANA TIEMI

Que peça de roupa tem mais chance de ser escolhida ao acaso pela mãe de Mariana? Por quê?

____

____

____

7. Em um jogo de tabuleiro, a movimentação dos jogadores depende de quantos pontos tiram jogando 2 dados.

a) Gabriel fez 7 pontos na primeira rodada. Observe na imagem. Agora, desenhe as outras possibilidades que Gabriel tinha de fazer 7 pontos jogando 2 dados.

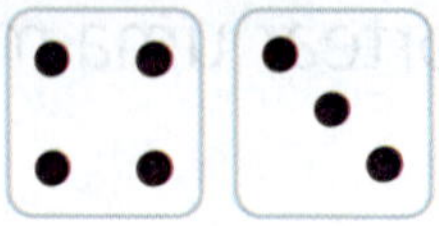

Quantas são as possibilidades de somar 7 pontos jogando 2 dados?

b) Na segunda rodada, Gabriel fez 5 pontos. Desenhe todas as possibilidades que Gabriel tinha de fazer 5 pontos jogando 2 dados.

Quantas são as possibilidades de somar 5 pontos jogando 2 dados?

c) Jogando 2 dados, há mais chance de tirar 5 ou 7 pontos? Explique.

8. Lívia e seus colegas estão se divertindo com uma brincadeira chamada de "Que número eu pensei?". Nessa brincadeira, uma pessoa pensa em um número e dá 3 pistas para que os outros jogadores tentem acertá-lo.

- Observe o desafio da primeira rodada.

1ª PISTA: O NÚMERO É MAIOR DO QUE 320 E MENOR DO QUE 330.

2ª PISTA: O NÚMERO NÃO É O 325.

3ª PISTA: O NÚMERO NÃO É PAR.

SHUTTERSTOCK

a) Com as pistas, é possível saber exatamente em que número Lívia pensou?

____

b) Quais são os números em que Lívia pode ter pensado?

____

c) Se o primeiro jogador só pode dizer um número, qual é a chance de ele acertar?

____

d) Se o primeiro jogador não acertar, o segundo jogador tem chance maior ou menor de acertar que o primeiro jogador? Explique.

____

____

- Observe o desafio da segunda rodada.

1ª PISTA: O NÚMERO É MAIOR DO QUE 99 E MENOR DO QUE 107.

2ª PISTA: NÃO TERMINA COM ZERO.

3ª PISTA: O NÚMERO NÃO É ÍMPAR.

a) Quais são os números em que Clara pode ter pensado?

____

b) Se o primeiro jogador só pode dizer um número, qual é a chance de ele acertar? ______________________________

c) Se o primeiro jogador não acertar, qual será a chance do segundo jogador? ______________________________

d) Se o segundo jogador também não acertar, o terceiro acertará?

☐ Acertará com certeza. ☐ Talvez acerte. ☐ Não acertará.

DIÁRIO DE BORDO

Nessas atividades, você aprendeu que:

- a **chance** de um evento ocorrer depende do número de possibilidades;
- é possível determinar todas as **possibilidades** de um evento ocorrer.

MOEDAS

CASA DA MOEDA

CÉDULAS

CASA DA MOEDA

CÉDULAS

CASA DA MOEDA